★★★ 中等职业学校会计专业核心课系列教材

U0861898

主　审 张文光 夏祥霖 任延东
主　编 牛致贞 孟云芳
副主编 祁向荣 刘　倩

兰州大学出版社

CHENGBENKUAIJI ZHIDAO JINGCUI

# 成本会计指导精粹

zhongdengzhiyejiaoyu

**图书在版编目(CIP)数据**

成本会计指导精粹/牛致贞,孟云芳主编. —兰州:兰州大学出版社,2013.3(2017.1 重印)

ISBN 978-7-311-04063-5

Ⅰ.①成… Ⅱ.①牛… ②孟… Ⅲ.①成本会计—中等专业学校—习题集 Ⅳ.①F234.2-44

中国版本图书馆 CIP 数据核字(2013)第 038632 号

责任编辑　郝可伟
封面设计　张友乾

书　　名　成本会计指导精粹
作　　者　牛致贞　孟云芳　主编
出版发行　兰州大学出版社　(地址:兰州市天水南路 222 号　730000)
电　　话　0931-8912613(总编办公室)　0931-8617156(营销中心)
　　　　　0931-8914298(读者服务部)
网　　址　http://www.onbook.com.cn
电子信箱　press@lzu.edu.cn
印　　刷　白银兴银贵印务有限公司
开　　本　787 mm×1092 mm　1/16
印　　张　16.75
字　　数　381 千
版　　次　2013 年 3 月第 1 版
印　　次　2017 年 1 月第 2 次印刷
书　　号　ISBN 978-7-311-04063-5
定　　价　36.00 元

# 序

随着我国教育改革的不断深化,尤其是社会与经济高速发展的今天,由于新经济环境下对人才需求层次多样化的客观要求,使得我国的中等职业教育得到了迅速的发展。中等职业教育经历了由专业教育向职业教育的转化,其办学模式、培养目标、人才模式等也都发生了相应变化,而人才培养模式的转换必须通过教学内容和教学方式等途径来实现。因此,作为教学内容载体的教材建设,其定位的基础必须是中职教育培养目标。

《中等职业教育大纲》规定,中等职业教育培养目标是使受教育者成为具备某一职业和工作岗位所需要的职业基础知识和技术能力,以及德、智、体全面发展的中初级应用型、技术型人才。对照这一培养目标,立足"以就业为目标,以市场为导向,以服务为宗旨"的出发点,考虑到目前中职教育对象的素质特征,我们目前所使用的中职教材,大多数仍是按照过去中职或高职培养专业人才的结构和体系,过于追求学科体系的系统性和完整性,职业教育特点不突出,滞后于时代的发展、市场的需求。

基于对上述客观要求的理性思考,中职学校的教学应更加符合市场对中职人才的要求,以"实用、适用、够用、可教"为原则,根据就业岗位的工作思路,从通识、原理、职能到方法,使学生易于理解、掌握和实践,即"能力目标—技能训练—学生主体",培养出有能力、有技术、有责任的学生,实现专业教学与学生就业岗位零距离的目标。

一套有强大生命力的教材,应该以满足读者的需要为宗旨,不断适应环境的变化。本系列教材、实训教程及习题,是在吸收财会理论界近年来所取得的一些理论成果的基础上,借鉴了同类教材的先进经验, 组织了长期在教学一线工作并有着丰富教学经验的教师编写而成,是职业教育课程教学改革的重要成果。本系列教材汇集了几代学人的智慧结晶,教材中所列的教学案例,阐述的观点方法,既是教研成果,又是实践积累,并经过实践证实具有明显的教学效果。

教材编写是一项复杂而又细致的工作,我们仍需要不断探索、不断总结、不断完善。由于时间急促、水平有限，教材中难免存在疏漏甚至错误，尚祈赐教，同时对各位作者和出版社的辛勤劳动深表谢意。

成果的展示，是“智慧之晶”的丰收，更是开启“思想之光”的新开端，未有穷尽，我们将不断努力，勇于拼搏，为中等职业教育的发展做出贡献！

2013年3月

序文作者张文光为中国注册会计师、高级审计师、包头财经信息职业学校校长。

# 前 言

随着我国经济的高速发展,中职会计教育(以下简称“中职教育”)的结构及内容发生了深刻的变化,其办学模式、培养目标和教育对象也都发生了相应变化。中职教育的主要目标是培养社会需要的,就业时“不需要再培训就能直接上岗操作”的技能型会计人才 。而传统教材大多偏重理论,职业技能不突出,应用性不强,不能与实际很好地对接,不符合中职教育对象的认知特点。为此,我们组织具有丰富教学经验的教师,从注重“技能性教学入手”,结合新会计准则的精要,同时考虑了中职教育对口用人单位的需求,编写了这套会计系列教材。

《成本会计指导精粹》是我们结合多年会计教学经验,按照中职教育的目标定位,在充分考虑了中职学生的素质的基础上编写的。具备如下特点:

一、适用性强。本书是《成本会计》教材的配套学习指导,其学习指导、练习内容及体系与教材力求保持一致。能够让任课教师在教学过程中更好地组织学生开展练习,不断提高学生的理论水平与实际操作能力。

二、题型多样化。为了让学生更好地掌握成本会计的基础理论、基本方法和基本技能,提高学生分析问题和解决问题的能力,满足教师教学和学生学习的需要,每章都针对《成本会计》学习目标,设计了自测题和练习题。练习题包括“单项选择题”、“多项选择题”、“判断题”、“名词解释”、“简述题”和“综合成本核算题”等形式。其中,自测题供教师在课堂教学过程中帮助学生理解学习内容之用;其他形式的练习可作为学生课后练习或教师在习题课之用。

三、应用性强。各类型习题力求从理论、方法和技能几个角度反映成本会计的内容,练习题难度逐渐加强,从简单到复杂,从理论到实践,将各种练习题同“学习目标”一一对应,指导教师与学生及时发现问题,及时巩固知识。此种编排有助于学生全面思考问题,促进学生综合能力的提高,同时还能为学生以后的学习和工作奠定基础。

《成本会计指导精粹》由包头财经信息职业学校牛致贞、孟云芳任主编,牛致贞负责书稿的整体结构策划,习题类型设计,第七章习题的编制和终稿统稿;孟云芳负责第十章和第十一章习题的编制;祁向荣、刘倩任副主编,其中刘倩负责第八章、第九章习题和期末模拟试题的编制;李燕茹、孙丹丹负责第一章至第六章习题的编制。包头财经信息职业学校张文光、夏祥霖和任延东审阅了全部书稿。

本书既可以作为中职学校会计专业的通用教材,也可以作为其他院校成本会计教材。

书中难免出现不足和错误,恳请读者提出宝贵意见,以便再版时修订。

编　者

2013 年 3 月

# 目录

# 第1章 概 述

## 内容回顾

- 费用成本及其分类
- 成本会计的职能
- 成本会计工作的组织

## 学习目标

1.指出成本的概念及成本对象
2.区分制造成本和非制造成本
3.区分直接成本和间接成本
4.指明单位成本
5.区分工业和商业
6.指出现代成本会计的概念
7.指明成本会计的职能

# 学习要点

## 一、成本的概念及成本对象

就一切成本而言，它是指人们为了实现一定的目的(目标)而付出的代价。这种代价主要表现为社会资源的耗费。这种资源耗费可以是有形资源耗费，也可以是无形资源耗费。

成本是按照一定对象对企业资源的耗费进行归集，我们把这种“对象”称为成本对象，它可以是某种产品、某类产品、某一生产步骤、某一产品订单、某一作业、某一劳务等。

## 二、成本的分类

(一)制造成本与非制造成本

成本按其经济用途可以分为制造成本与非制造成本。

制造成本是指产品在制造过程中所发生的各项成本。其项目主要包括直接材料、直接人工和制造费用。

非制造成本是指企业在一定会计期间所发生的除产品制造成本以外的生产耗费，又称为期间费用，主要包括销售费用、管理费用、财务费用。

成本按经济用途划分是最基本的分类。按照这种分类，可以了解制造成本的构成情况，对成本计算和确定损益具有重要意义。

(二)直接成本与间接成本

成本按其归属性可以分为直接成本与间接成本。

直接成本是指与某一特定产品或劳务之间具有直接联系的成本。它是为某一特定产品或劳务所消耗，因而可以直接计入该产品或劳务成本。

间接成本是指与某一特定产品或劳务没有直接联系的成本。它是为几种产品或劳务所消耗，不能直接计入，需要按适当的标准分配计入各种产品或劳务成本。

(三)总成本与单位成本

在企业会计报告中一般都需要提供总成本和单位成本。通常只有完工产品或劳务才能计算出总成本和单位成本。

总成本是指某一特定成本计算对象经济资源的总耗费。单位成本又称为平均成本，它是以总成本除以产品或劳务数量计算的。

## 三、行业的概念

工业是指制造业，采矿业，电力、燃气及水的生产和供应业等行业；商业是指批发业和零售业。

## 四、现代成本会计的概念

成本会计是会计学科的一个重要分支,它是以成本为对象的一种专业会计。

现代成本会计的职能主要有如下 7 个方面:

(一) 成本预测

(二) 成本决策

(三) 成本计划

(四) 成本控制

(五) 成本核算

(六) 成本分析

(七) 成本考核

# 自测题

【目标 1–1】就一切成本而言,成本的概念是人们为实现一定的(　　)而付出的代价。

A.需求　　B.目的

C.利益　　D.方法

【目标 1–2】下列项目可以是成本对象的是(　　)。

A.某种产品、某类产品　　B.某一生产步骤

C.某一产品订单　　D.某一作业、某一劳务

【目标 2–1】在我国现行会计制度中,成本项目主要包括(　　)。

A.直接材料　　B.直接人工

C.制造费用　　D.管理费用

【目标 2–2】下列各项中,应计入产品成本的是(　　)。

A.销售费用　　B.管理费用

C.财务费用　　D.制造费用

【目标 2–3】下列(　　)属于销售费用。

A.展览费　　B.广告费

C.管理费用　　D.财务费用

【目标 3–1】成本按其归属可分为(　　)。

A.制造成本与非制造成本　　B.直接成本与间接成本

C.总成本与单位成本　　D.固定成本与变动成本

【目标 4–1】在企业会计报告中一般都需要提供(　　)

A.总成本和单位成本　　B.固定成本和变动成本

C.直接成本和间接成本　　D.制造成本和非制造成本

【目标 7–1】成本会计最基本、最重要的职能是(　　)。

A.成本决策　　B.成本分析

C.成本考核　　　　D.成本核算

# 练习题

## 一、单项选择题

1.下列不属于成本在管理中的作用的是(　　)。

A.成本是企业生产经营耗费的补偿尺度

B.成本是制定产品价格的基础

C.成本是商品经济的产物

D.成本是企业生存和发展的根基

2.按照我国《企业会计准则》的规定,费用是指(　　)为销售商品、提供劳务等日常活动所发生的经济利益总流出。

A.狭义　　　　B.广义

C.企业　　　　D.商业企业

3.费用按照经济内容分类,是企业在日常生产经营活动中发生的基本费用,在会计实务中常称之为(　　)。

A.生产成本　　　　B.成本项目

C.费用要素　　　　D.费用项目

4.企业日常生产经营过程中发生的费用按其经济用途可以分为生产费用和(　　)。

A.期间费用　　　　B.废品损失

C.停工损失　　　　D.原材料

5.生产费用不包括(　　)。

A.销售费用　　　　B.燃料、动力、职工薪酬

C.折旧费、修理费、低值易耗品　　　　D.原材料

6.成本会计人员是专门从事(　　)的专业技术人员。

A.财务工作　　　　B.维修工作

C.成本会计工作　　　　D.审计工作

7.(　　)是组织和从事成本会计工作必须遵循的工作规范。

A.成本会计制度　　　　B.企业会计准则

C.会计法　　　　D.会计档案管理办法

8.制造成本法下,不属于产品成本项目的是(　　)。

A.外购动力成本　　　　B.折旧费

C.直接人工　　　　D.税费

9.应计入产品成本,但不能分清应由何种产品负担的费用,应(　　)。

A.直接计入当期损益

B.作为管理费用处理

C.作为制造费用处理,期末再通过分配计入产品成本

D.直接计入产品成本科目

## 二、多项选择题

1.(　　)可能属于行政管理部门的期间费用。

A.职工薪酬　　B.修理费

C.劳动资料　　D.办公费

2.以下属于企业日常生产经营过程中的费用的是(　　)。

A.外购材料和外购燃料　　B.职工薪酬和折旧费

C.利息支出和税金支出　　D.外购动力和其他支出

3.在制造成本法下,一般可以设置(　　)三个成本项目。

A.直接材料　　B.直接人工

C.制造费用　　D.停工损失

4.费用按经济用途可以分为(　　)。

A.生产费用　　B.期间费用

C.制造成本　　D.运输费用

5.以下属于成本分类的是(　　)。

A.按其经济用途可以分为制造成本与非制造成本

B.按其归属性可以分为直接成本与间接成本

C.总成本与单位成本

D.固定成本与变动成本

6.以下属于成本会计的职能的是(　　)。

A.成本预测和成本决策

B.成本计划和成本控制

C.成本核算和成本分析

D.成本考核

7.成本控制是(　　)。

A.对成本计划的实施进行监督

B.成本会计的基本职能

C.实现成本决策既定目标的保证

D.实现成本决策和成本计划目标的有效手段

8.下列表述正确的是(　　)。

A.成本考核是在成本分析的基础上定期对成本计划执行情况进行的总结和评价

B.成本会计的各项职能,是相互联系、相互补充的,从而构成一个有机的整体

C.成本核算是成本会计最基本、最重要的职能

D.事中的成本控制是指在产品成本的发生过程中所进行的控制产品成本的活动

9.下列表述错误的是(　　)。

A.狭义的成本控制仅指事中的成本控制,以成本计划为依据,采用各种有效的方法,将各项费用的发生限制在计划控制范围之内,以保证成本计划的顺利执行

B.成本核算提供的资料,不可以反映成本计划的完成情况

C.成本会计制度是组织和从事成本会计工作必须遵循的工作规范

D.企业应建立各方面的原始凭证,不需要统一规定其格式、内容和计算方法

10.成本会计机构的设置应与企业(　　)相适应。

A.规模的大小　　　　B.业务的多少

C.生产车间的多少　　　　D.管理的体制

11.成本会计的基础工作主要是(　　)。

A.建立健全原始记录制度

B.建立健全定额管理制度

C.建立健全物资管理制度

D.建立健全内部结算制度和建立健全责任考核制度

12.下列各项中,应计入生产成本的有(　　)。

A.直接材料　　　　B.财务费用

C.制造费用　　　　D.管理费用

13.下列各项中,最终应计入生产成本的有(　　)。

A.生产工人工资　　　　B.生产产品耗用的材料费用

C.生产设备的折旧费　　　　D.按行政管理人员工资一定比例计提的工会经费

## 三、判断题

1.成本这一概念在过去一直应用于微观经济领域,现在它也广泛应用于宏观经济领域。(　　)

2.企业日常生产经营过程中发生的费用按其经济用途可以分为生产成本和期间费用。(　　)

3.企业行政管理部门的职工薪酬、修理费、机物料消耗、低值易耗品摊销、办公费、差旅费等都不属于管理费用。(　　)

4.期间费用包括管理费用、销售费用和人工费用。(　　)

5.直接成本是指与某一会计期间之间具有直接联系的成本。它是为某一特定产品所消耗,不可以直接计入该产品成本。(　　)

6.成本会计是会计学科的一个重要分支,它是以成本为对象的一种专业会计。(　　)

7.成本和盈利是此消彼长的关系,企业只有加强对成本的控制,努力降低生产经营耗费,才可能以较低的耗费获得较高的经济效益。(　　)

8.成本核算是指运用各种专门的成本计算方法,按照规定的成本项目,通过费用的归集和分配,计算出各种产品的总成本和单位成本,并进行相应的账务处理。(　　)

9.成本考核是成本会计工作的核心。(　　)

10.广义的成本控制泛指对整个生产经营活动过程中各种费用的发生进行引导和限制，以达到降低成本、提高效益目的的全部活动。 ( )

## 四、会计名词解释

【目标 1-1】成本

【目标 1-2】成本对象

【目标 3-1】直接成本

【目标 3-2】间接成本

【目标 4-1】总成本

【目标 4-2】单位成本

【目标 5-1】工业

【目标 5-2】商业

【目标 6-1】成本会计

【目标 7-1】成本会计的职能

## 五、简述题

【目标 1-1】简述费用与成本的关系。

【目标 2-1】成本有哪些分类？

【目标 2-2】成本按照经济用途分类是什么？

【目标 2-3】什么是制造成本？什么是非制造成本？

【目标 2-4】期间费用主要包括哪些内容？

【目标 3-1】简述直接成本与间接成本的区别。

【目标 4-1】简述单位成本与总成本之间的关系。

【目标 4-2】成本在管理中的作用如何？

【目标 4-3】为什么说成本是企业生产经营耗费的补偿尺度？

【目标 7-1】成本会计的职能有哪些？

# 第2章　成本核算的基本要求和一般程序

## 内容回顾

- 成本核算的基本要求
- 成本核算的一般程序和账户设置

## 学习目标

1.指出成本核算的原则
2.指出成本开支范围
3.指出做好成本核算基础工作的内容
4.说出划清成本费用界限的几项内容
5.解释成本核算账户设置
6.指出成本核算的一般程序

## 学习要点

### 一、坚持成本核算原则

（一）实际成本计价原则

企业应按实际成本进行成本核算。

(二)定期核算原则

成本核算应当定期进行,成本核算期一般以月为单位。

(三)权责发生制原则

企业在生产过程中发生的各项费用是否计入生产成本,应按权责发生制予以确认。

(四)一贯性原则

企业应根据生产类型特点及成本管理要求确定成本计算方法，一经确定，不得随意变动。在成本计算过程中,间接费用的分配方法也应保持相对稳定。

## 二、明确成本开支范围

## 三、做好成本核算基础工作

(一)建立健全企业成本核算制度

企业应根据《中华人民共和国会计法》、《企业会计准则》以及《企业会计制度》等有关法规,结合本企业生产经营的特点,制定企业的成本核算制度。

(二)做好定额资料的制定和修订工作

(三)建立健全存货收发领退存的计量和记录工作

(四)正确确定财产物资的计价和价值结转方法

## 四、划清成本费用界限

## 五、成本核算的账户设置

(一)"生产成本"账户

为了分别核算基本生产成本和辅助生产成本,该账户下应设置"基本生产成本"和"辅助生产成本"两个二级明细账户。

(二)"制造费用"账户

(三)"管理费用"账户

(四)"财务费用"账户

(五)"销售费用"账户

## 六、成本核算的一般程序

(一)分清哪些费用可以计入产品成本,哪些费用不应计入产品成本

(二)分配辅助生产费用

(三)分配制造费用

(四)在完工产品和在产品之间分配生产费用

# 自测题

【目标 1-1】企业以(　　)为基础的成本核算要求企业按照实际发生的支出进行成本、费用的归集和计算。

A.实际成本　　B.计划成本

C.定额成本　　D.总成本

【目标 1-2】企业在生产过程中发生的各项费用是否计入生产成本,应按(　　)原则予以确认。

A.权责发生制　　B.定期核算

C.一贯性　　D.实际成本计价

【目标 3-1】建立健全企业成本核算制度的依据有(　　)。

A.《会计法》　　B.《企业会计准则》

C.《会计基础工作规范》　　D.《会计电算化管理办法》

【目标 3-2】财产物资的计价方法和价值转移方法,包括(　　)。

A. 固定资产原值计算方法

B. 固定资产价值转移方法(即折旧方法)

C. 固定资产与低值易耗品和包装物的划分标准、摊销方法

D. 材料采购成本的构成内容及发出材料的计价方法等。

【目标 4-1】购置固定资产支出属于(　　)。

A.资本性支出　　B.收益性支出

C.成本费用　　D.营业外支出

【目标 4-2】企业的管理费用、财务费用和销售费用属于企业的 (　　)

A.期间费用　　B.摊销费用

C.经营费用　　D.制造费用

【目标 5-1】制造费用账户属于(　　)账户。

A.成本类　　B.损益类

C.资产类　　D.负债类

【目标 5-2】(　　)账户用来核算企业为生产各种产品、自制材料、自制工具、自制设备所发生的各项生产费用。

A.生产成本——基本生产成本　　B.生产成本——辅助生产成本

C.管理费用　　D.制造费用

【目标 5-3】根据国家会计制度规定以及企业生产费用核算和产品成本计算的需要,一般应设置(　　)账户。

A.“生产成本”　　B.“制造费用”

C.“废品损失”　　D.“停工损失”

【目标 5-4】(　　)的确定是开设基本生产明细账的前提条件。

A.生产周期　　B.成本计算对象

C.会计期间　　D.生产过程

【目标 6–1】产品成本核算的一般程序包括(　　)。

A.对生产过程中发生的各项生产费用进行审核和控制

B.分配辅助生产费用

C.分配制造费用

D.在完工产品和在产品之间分配生产费用

【目标 6–2】为了正确计算各种产品成本,企业必须将应由(　　)负担的生产费用在各种产品之间进行分配。

A.上期产品成本　　B.下期产品成本

C.本期产品成本　　D.上期产品成本和本期产品成本

# 练习题

## 一、单项选择题

1.企业在生产过程中发生的各项费用是否计入生产成本,应按(　　)原则予以确认。

A.收付实现制　　B.权责发生制

C.实地盘点制　　D.现金收付制

2.我国企业产品生产成本核算一般实行(　　)。

A.定额成本法　　B.制造成本法

C.约当产量法　　D.品种法

3.制造成本法的产品成本包括(　　)。

A.主营业务收入　　B.原材料

C.期间费用　　D.营业外支出

4.完工产品入库时其成本应从“生产成本”账户转入(　　)账户。

A.“制造费用”　　B.“本年利润”

C.“固定资产”　　D.“库存商品”

5.为了按期考核和分析产品成本计划的完成情况,核算财务成果,企业一般应按(　　)结算费用,计算产品成本。

A.年　　B.月

C.半月　　D.季度

6.成本核算应当定期进行,成本核算期一般以(　　)为单位。

A.年　　B.月

C.季　　D.半年

7.(　　)就是归集生产费用,积聚成本的对象,也就是生产费用的最终承担者。

A.会计对象　　B.会计科目

C.会计账户　　　　　　　　　　　　D.成本计算对象

## 二、多项选择题

1.正确计算产品成本,提供真实可靠的成本信息,成本核算应当遵循(　　)。

A.实际成本计价原则　　　　　　　　B.定期核算原则

C.权责发生制原则　　　　　　　　　D.一贯性原则

2.(　　)不得列入生产成本的其他支出,不能作为成本开支范围。

A.企业为购置和建造固定资产

B.购入无形资产和其他资产的支出

C.对外投资的支出、被没收的财物

D.各种罚款、赞助、捐赠支出

3.“制造费用”账户应按不同的(　　)设置明细账并按(　　)进行明细核算。

A.产品名称　　　　　　　　　　　　B.费用种类

C.车间、部门　　　　　　　　　　　D.费用项目

4.下列属于成本开支范围的有(　　)

A.生产过程中所发生的制造费用等

B.产品生产过程中实际消耗的各种原材料、辅助材料、外购半成品、燃料、动力、包装物等物料的实际成本

C.生产过程中人员的工资和按规定比例提取的福利费等

D.生产过程中因使用固定资产发生的折旧费、修理费、租赁费等

5.下列不属于成本开支范围的有(　　)

A.捐款　　　　　　　　　　　　　　B.固定资产发生的折旧费

C.赞助　　　　　　　　　　　　　　D.罚款

6.产品成本核算的前期准备工作包括(　　)

A.正确划分成本核算环节

B.确定成本计算对象,选择成本计算方法

C.确定各种产品的成本项目

D.计算各个产品的各项费用

7.下列属于制造费用的是(　　)

A.生产单位管理人员的工资及提取的福利费

B.生产单位固定资产的折旧费和修理费

C.季节性停工和生产用固定资产大修理期间的停工损失

D.企业行政管理部门固定资产的折旧费和修理费

8.产品成本核算包括(　　)两个方面。

A.所得税费用核算　　　　B.期间费用核算

C.生产费用核算　　　　　D.产品成本计算

## 三、判断题

1.成本核算应当定期进行,成本核算期一般以月为单位。 (   )

2.企业应根据生产类型特点及成本管理要求确定成本计算方法,一经确定,可以适当变动。 (   )

3.企业在月中将各项费用计入各种产品成本之后,还应当采用适当的分配方法将生产费用在完工产品与月末在产品之间进行分配。 (   )

4.成本费用界限的划分应贯彻受益原则。 (   )

5.“生产成本——基本生产成本”账户,一般按成本计算对象设置明细账户。 (   )

6.“生产成本——基本生产成本”账户期末余额在借方,表示尚未完工的产品成本。 (   )

7.“制造费用”账户除季节性生产企业外,月末应无余额。 (   )

8.企业应按实际成本进行成本核算。 (   )

9.企业应根据生产类型特点及成本管理要求确定成本计算方法,可以随意变动。 (   )

10.产品的各项消耗定额既是编制成本计划、分析和考核成本水平的依据,也是审核和控制成本的标准。 (   )

11.我们把支出的效益仅与本会计年度相关,因而应在本会计年度实现的收入得到补偿的支出,称为资本性支出。 (   )

12.期间费用是由管理费用、销售费用、财务费用组成,是企业管理部门为组织、管理企业的生产经营活动以及为进行产品销售等而发生的费用。 (   )

13.直接从事产品生产的基本生产单位,是产品成本核算的基本环节,具有过渡性质。 (   )

14.企业只能设置“直接材料”、“直接人工”和“制造费用”三个成本项目。 (   )

15.成本计算对象的确定,有赖于成本计算方法的选择。 (   )

## 四、会计名词解释

【目标 4-1】资本性支出

【目标 4-2】收益性支出

【目标 4-3】期间费用

【目标 6–1】“生产成本”账户

【目标 6–2】“制造费用”账户

【目标 6–3】成本计算对象

## 五、简述题

【目标 1–1】成本核算的基本要求有哪些？

【目标 1–2】成本核算的基本原则有哪些内容？

【目标 2–1】成本开支范围主要包括哪些内容？

【目标 3–1】做好成本核算的基础工作是什么？

【目标 4-1】为了做好成本核算工作，正确计算产品成本，应当正确划分生产过程中各种费用的界限有哪些？

【目标 5-1】成本核算需要设置哪些账户？

【目标 5-2】生产成本的账户是怎样设置的？

【目标 6-1】简述产品成本核算的前期准备工作。

【目标 6-2】简述成本核算的一般程序。

【目标 6-3】生产费用在完工产品和在产品之间怎样进行分配？

## 六、初步认识下列账户的格式

【目标 6-1】

### 基本生产成本明细账

产品名称：BMW X1　　　　车间：××　　　　单位：元

| 年 | | 凭证号数 | 摘　要 | 成本项目 | | | 合　计 |
|---|---|---|---|---|---|---|---|
| 月 | 日 | | | 直接材料 | 直接人工 | 制造费用 | |
| | | | | | | | |
| | | | | | | | |
| | | | | | | | |

### 辅助生产成本明细账

车间：维修车间　　　　单位：元

| 年 | | 凭证号数 | 摘　要 | 成本项目 | | | 合　计 |
|---|---|---|---|---|---|---|---|
| 月 | 日 | | | 直接材料 | 直接人工 | 制造费用 | |
| | | | | | | | |
| | | | | | | | |
| | | | | | | | |

# 辅助生产成本明细账

车间:维修车间　　　　单位:元

| 年 | | 凭证号数 | 摘　要 | 成本项目 | | | | | | | 合计 |
|---|---|---|---|---|---|---|---|---|---|---|---|
| 月 | 日 | | | | | | | | | | |
| | | | | | | | | | | | |
| | | | | | | | | | | | |
| | | | | | | | | | | | |

# 制造费用明细账

车间名称:BMW X1 生产车间

单位:元

| 年 | | 摘　要 | 费用项目 | | | | | | | 合计 |
|---|---|---|---|---|---|---|---|---|---|---|
| 月 | 日 | | | | | | | | | |
| | | | | | | | | | | |
| | | | | | | | | | | |
| | | | | | | | | | | |

# 制造费用明细账

车间名称:维修车间　　　　单位:元

| 年 | | 摘　要 | 费用项目 | | | | | | | 合计 |
|---|---|---|---|---|---|---|---|---|---|---|
| 月 | 日 | | | | | | | | | |
| | | | | | | | | | | |
| | | | | | | | | | | |
| | | | | | | | | | | |

【目标 6–2】

## 基本生产成本明细账

产品名称：　　单位：元

<table>
<tr><td colspan="2">年</td><td rowspan="2">摘　要</td><td colspan="3">成本项目</td><td rowspan="2">合计</td></tr>
<tr><td>月</td><td>日</td><td></td><td></td><td></td></tr>
<tr><td></td><td></td><td></td><td></td><td></td><td></td><td></td></tr>
<tr><td></td><td></td><td></td><td></td><td></td><td></td><td></td></tr>
<tr><td></td><td></td><td></td><td></td><td></td><td></td><td></td></tr>
</table>

## 辅助生产成本明细账

车间名称：　　单位：元

<table>
<tr><td colspan="2">年</td><td rowspan="2">摘　要</td><td colspan="3">成本项目</td><td rowspan="2">合计</td></tr>
<tr><td>月</td><td>日</td><td></td><td></td><td></td></tr>
<tr><td></td><td></td><td></td><td></td><td></td><td></td><td></td></tr>
<tr><td></td><td></td><td></td><td></td><td></td><td></td><td></td></tr>
<tr><td></td><td></td><td></td><td></td><td></td><td></td><td></td></tr>
</table>

## 辅助生产成本明细账

车间名称：　　单位：元

<table>
<tr><td colspan="2">年</td><td rowspan="2">摘　要</td><td colspan="3">成本项目</td><td rowspan="2">合计</td></tr>
<tr><td>月</td><td>日</td><td></td><td></td><td></td></tr>
<tr><td></td><td></td><td></td><td></td><td></td><td></td><td></td></tr>
<tr><td></td><td></td><td></td><td></td><td></td><td></td><td></td></tr>
<tr><td></td><td></td><td></td><td></td><td></td><td></td><td></td></tr>
</table>

# 制造费用明细账

车间名称:基本生产车间一　　　　单位:元

| 年 | | 摘　要 | 费用项目 | | | | | | | | 合计 |
|---|---|---|---|---|---|---|---|---|---|---|---|
| 月 | 日 | | | | | | | | | | |
| | | | | | | | | | | | |
| | | | | | | | | | | | |
| | | | | | | | | | | | |

# 制造费用明细账

车间名称:辅助生产车间二　　　　单位:元

| 年 | | 摘　要 | 费用项目 | | | | | | | | 合计 |
|---|---|---|---|---|---|---|---|---|---|---|---|
| 月 | 日 | | | | | | | | | | |
| | | | | | | | | | | | |
| | | | | | | | | | | | |
| | | | | | | | | | | | |

# 第3章 要素费用的归集与分配

## 内容回顾

- 材料费用的核算
- 人工费用的核算
- 外购动力费用的核算
- 其他费用的核算

## 学习目标

1.指出材料费用包括的内容
2.指出并认识材料发出凭证的种类
3.说明材料费用归集应遵循的原则
4.指出外购动力费用分配应遵循的原则
5.认识职工薪酬的构成
6.掌握职工薪酬分配的原则及会计核算

## 学习要点

### 一、材料费用的内容

(一)原料及主要材料
(二)辅助材料
(三)外购半成品

（四）修理用备件

（五）燃料

（六）包装物

（七）低值易耗品

## 二、材料费用的归集

（一）材料发出凭证

1.领料单。

2.限额领料单。

3.领料登记表。

4.退料单。

（二）材料的计价

可采用实际成本计价，也可采用计划成本计价。

## 三、材料费用的分配原则

材料费用的分配应遵循以下原则：

1.凡属于制造产品消耗的直接材料费用，应直接记入“生产成本——基本生产成本”账户。

2. 凡属于辅助生产车间为进行产品或劳务生产而消耗的直接材料费用，记入“生产成本——辅助生产成本”明细账户。

3. 对于车间、管理部门以及其他部门为组织和管理生产领用的材料，分别记入“制造费用”和“管理费用”等账户。

## 四、材料费用的分配方法

1.定额消耗量比例法

定额消耗量比例法，是以材料定额消耗量为分配标准分配材料费用的方法。

其计算公式如下：

材料定额消耗总量=∑（某种产品实际产量×单位产品材料定额）

$$材料费用分配率=\frac{多种产品共同消耗的材料费用}{材料定额消耗总量}$$

某种产品应分配的材料费用=该种产品的材料定额消耗量×材料费用分配率

2.定额成本比例法

## 五、外购动力费用的分配

外购动力费用的归集应遵循以下原则：

1.凡属于制造产品消耗的，应直接记入“生产成本——基本生产成本”账户。

2.凡属于辅助生产车间为进行产品或劳务生产而消耗的，记入“生产成本——辅助生产成本”明细账户。

3. 对于车间、管理部门以及其他部门为组织和管理生产领用的，分别记入“制造费用”和“管理费用”等账户。

### 六、职工薪酬的构成

包括：工资；职工福利费；医疗保险费、养老保险费、失业保险费、工伤保险费和生育保险费等社会保险费；住房公积金；工会经费和职工教育经费；非货币性福利；因解除与职工的劳动关系给予的补偿；其他与获得职工提供的服务相关的支出。

### 七、职工薪酬分配的原则

企业归集的职工薪酬应按职工薪酬发生的地点、用途进行分配。

## 自测题

【目标 1-1】材料费用不包括（　）。

A.原材料及主要材料　　B.辅助材料、外购半成品

C.固定资产　　D.包装物、低值易耗品

【目标 1-2】（　）属于原材料及主要材料。

A.炼油用的原油、纺纱用的原棉　　B.机器设备

C.专利权　　D.防锈剂

【目标 2-1】（　）是一种一次性使用的材料发出凭证。

A.领料单　　B.借款单

C.银行存款余额调节表　　D.发票

【目标 2-2】材料费用的原始记录包括（　）。

A.领料单　　B.限额领料单

C.领料登记表　　D.退料单

【目标 3-1】对于车间、管理部门以及其他部门为组织和管理生产领用的材料，分别记入“制造费用”和（　）等账户。

A.生产成本　　B.制造费用

C.管理费用　　D.财务费用

【目标 4-1】不同产品共同消耗直接材料费用的分配，可供选择的分配标准有（　）和产品重量。

A.材料定额消耗量　　B.材料定额成本

C.产品产量　　D.生产工时

【目标 5-1】基本生产车间生产多种产品共同消耗的动力费用可以按照产品的（　）或其他标准为依据进行分配。

A.生产工时　　B.原材料消耗比例

C.人员工资比例　　D.机器工时

【目标 6-1】下列属于职工薪酬的是(　　)。

A.职工计时(件)工资、奖金、津贴和补贴　　B.职工福利费

C.保险费和住房公积金　　D.差旅费

【目标 6-2】下列(　　)不属于职工薪酬。

A.工资、职工福利费　　B.医疗保险费、养老保险费

C.住房公积金　　D.职工出差借款

【目标 7-1】在实际工作中,企业是通过编制(　　)来结算工资费用的。

A.工资结算表　　B.工资与福利费分配表

C.工资结算汇总表　　D.工资表

【目标 7-2】下列各项费用中,不能直接记入“生产成本——基本生产成本”账户的是(　　)。

A.车间生产工人薪酬　　B.构成产品实体的辅助材料

C.车间管理人员薪酬　　D.构成产品实体的外购半成品

【目标 7-3】基本生产车间生产多种产品的生产工人的工资费用分配可以采用(　　)。

A.定额成本法　　B.实际生产工时比例分配法

C.标准成本法　　D.定额工时比例分配法

# 练习题

## 一、单项选择题

1.限额领料单是一种事先规定限额可(　　)连续使用的累计发料凭证。

A.一次　　B.两次

C.多次　　D.三次

2.材料的计价方法可采用实际成本计价,也可采用(　　)计价。

A.计划成本　　B.定额成本

C.生产成本　　D.理论成本

3.企业在生产过程中消耗的材料费用应按照领料(　　),分别由不同的对象来承担。

A.人员　　B.部门、用途

C.产品名称　　D.销售地区

4.企业应在月末根据(　　)和单价,以此确定本月发生的动力费用。

A.实际消耗数量　　B.上月实际消耗

C.下月实际消耗　　D.计划消耗

5.制造产品消耗的直接材料费用,应(　　),贷记“原材料”账户。

A.借:生产成本——基本生产成本　　B.借:生产成本——辅助生产成本

C.借:制造费用——基本生产车间　　D.借:制造费用——辅助生产车间

6.企业基本生产车间厂房计提的折旧应借记(　　)账户。

A.生产成本——基本生产成本　　B.制造费用——基本生产车间

C.管理费用　　D.销售费用

7.折旧费的计算和分配是通过编制(　　)进行的。

A.材料费用分配表　　B.工资与福利费分配表

C.固定资产折旧费分配表　　D.外购动力费分配表

8.工资费用的分配一般是通过编制(　　)进行的。

A.工资结算表　　B.工资与福利费分配表

C.工资结算汇总表　　D.工资表

## 二、多项选择题

1.低值易耗品摊销的核算方法是(　　)。

A.一次摊销法　　B.分次摊销法

C.五五摊销法　　D.定额成本法

2.低值易耗品一次摊销法适用于(　　)的低值易耗品。

A.领用数量不多　　B.单位价值低

C.使用期限较短或易破损　　D.没有用途

3.以下说法正确的是(　　)。

A.材料可采用实际成本计价

B.材料可采用计划成本计价

C.材料实际成本计价适用于材料品种较少的企业

D.材料实际成本与计划成本之间的差额通过“材料成本差异”账户调节

4.在会计实务中,固定资产折旧按照使用部门,计入(　　)。

A.无形资产成本　　B.原材料成本

C.产品成本　　D.期间费用

5.企业实际支付利息费用时,(　　)。

A.借记“财务费用”账户　　B.借记“应付利息”账户

C.贷记“银行存款”账户　　D.借记“应付账款”账户

6.下列各项中,应该记入“制造费用”账户的有(　　)。

A.生产车间管理人员的工资　　B.厂部管理人员的工资

C.生产车间的办公费　　D.厂部的办公费

7.下列各项中,应计入当期生产成本的有(　　)。

A.行政管理部门发生的固定资产修理费　　B.生产产品消耗的材料成本

C.行政管理部门计提的固定资产折旧　　D.生产人员的薪酬

8.企业发生的职工福利费,同工资一样按照职工所在的职能部门,分配记入(　　)等账户。

A.在建工程　　B.产品成本　　C.期间费用　　D.无形资产

9.要素费用中的其他费用,应编制“其他费用汇总表”分别记入(　　)账户。

A.生产成本　　　　B.管理费用
C.销售费用　　　　D.制造费用

## 三、判断题

1.领料单是一种多次使用的材料发出凭证。 (　　)

2.材料计价方法只能采用实际成本计价。 (　　)

3.凡生产产品直接消耗的材料费用可以间接计入有关产品的成本,以便充分反映产品制造成本的真实水平。 (　　)

4.采用一次摊销法进行低值易耗品的核算时,应将领用的低值易耗品的价值一次全部计入当期费用。 (　　)

5.五五摊销法,是我国企业不使用的一种低值易耗品摊销方法。 (　　)

6.职工薪酬是指企业为获得职工提供的服务而给予的各种形式的报酬以及其他的相关支出。 (　　)

7.动力费用是指企业耗用的电力、蒸汽等费用。 (　　)

8.企业使用的固定资产,应按年计提折旧费。 (　　)

9.固定资产折旧费全部计入期间费用。 (　　)

10.企业发生的外购动力费用应按照地点、用途,分别由不同的对象来承担。 (　　)

11.职工薪酬是指企业为获得职工提供的服务而给予的各种形式的报酬以及其他的相关支出,不包括医疗保险费。 (　　)

12.职工福利费是指用于职工医疗卫生、生活困难补助和集体福利设施等的费用,是企业根据国家规定除了支付职工工资以外,还必须承担的职工个人福利方面的义务,是对职工劳动补偿的辅助形式。 (　　)

13.企业的利息费用,不是产品成本的组成部分,而是企业销售费用的一个费用项目。 (　　)

14.实际成本计价方法通常适用于材料实际成本变动较大、品种多、收发料频繁的企业,可以简化材料日常收发核算的工作。 (　　)

15.基本生产车间生产工人工资,应记入“生产成本——基本生产成本——××产品”各明细账户。 (　　)

16.基本生产车间管理人员的工资应记入“生产成本——基本生产成本——××产品”账户。 (　　)

## 四、会计名词解释

【目标 1–1】材料费用

【目标 1–2】修理备用件

【目标 1–3】辅助材料

【目标 1–4】原材料

【目标 1–5】燃料

【目标 2–1】领料单

【目标 2–2】退料单

【目标 4–1】定额消耗量比例法

【目标 4–2】材料定额消耗总量

【目标 4–3】材料费用分配率

【目标 4–4】定额成本比例法

【目标 4–5】包装物

【目标 4–6】五五摊销法

【目标 4-7】一次摊销法

【目标 5-1】动力费用分配率

## 五、简述题

【目标 1-1】材料费用包括哪些内容?

【目标 4-1】定额消耗量比例法与定额成本比例法在进行费用分配时的区别是什么?

【目标 4-2】简述低值易耗品摊销的方法及其优缺点。

【目标 4-3】简述低值易耗品的实质和管理特点。

【目标 4-4】简述低值易耗品与包装物的区别。

【目标 5-1】企业发生的外购动力费用应当如何计入费用、成本?

【目标 6-1】职工薪酬的构成主要包括哪些内容?

【目标 6-2】职工福利费是怎样进行分配的?

## 六、计算题

【目标 4-1】练习多种产品共同消耗材料费用分配的核算

一、资料:某企业生产甲、乙、丙三种产品。某月份三种产品的投入量分别为:500 件、500 件和 500 件,三种产品的消耗定额分别为:2 千克、4 千克、7 千克,三种产品本月共消耗原材料52 000 元。

二、要求:按定额消耗量比例法计算三种产品应负担的材料费用。

【目标 4-2】练习多种产品共同消耗材料费用分配的核算

一、资料：某企业生产 A、B 两种产品，分别核定 A、B 产品单位定额成本为 180 元、150 元。本月 A、B 产品共同消耗某种原材料的实际成本为 822 000 元，本月 A 产品产量为 1200 件，B 产品产量为 1300 件。

二、要求：采用定额成本比例法计算两种产品应负担的材料费用。

## 七、综合成本核算题

【目标 4-1】练习多种产品共同消耗材料费用分配的核算

一、资料：某企业一车间生产 A、B 两种产品，20××年 1 月共同消耗甲材料 7200 千克，每千克实际成本 10 元。本月 A、B 产品的产量分别为 400 件、700 件，单位产品消耗定额分别为 8 千克、4 千克。

二、要求：根据以上资料，采用定额消耗量比例法分配甲材料费用，并编制相应的会计分录。

【目标 4-2】练习多种产品共同消耗材料费用分配的核算

一、资料：某企业生产甲、乙两种产品，20××年 3 月共同消耗 A 材料 1200 千克，每千克实际成本 4 元。甲产品的实际产量为 140 件，单位产品消耗定额为 4 千克，乙产品的实际产量为 80 件，单位产品消耗定额为 5 千克。

二、要求：

(1)采用定额消耗量比例法计算分配 A 材料费用并将结果填入下表中。

## 材料费用分配表

| 项目<br>产品 | 产品产量(件) | 单位消耗定额(千克/件) | 定额消耗量(千克) | 分配率 | 分配额(元) |
|---|---|---|---|---|---|
| 甲产品 | | | | | |
| 乙产品 | | | | | |
| 合 计 | | | | | |

(2)根据材料费用分配表编制会计分录。

【目标 4-3】练习多种产品共同消耗材料费用分配的核算

一、资料：20××年 12 月某企业一车间本月投产甲产品 200 件、乙产品 300 件，二车间本月投产丙产品 150 件。根据“领料单”统计如下：甲产品直接消耗材料 15 000 元，乙产品直接消耗材料28 000 元，丙产品直接消耗材料 60 000 元。甲、乙、丙产品共同消耗材料 160 000 元。一车间一般消耗材料 2000 元，技术部消耗材料 5600 元。该企业材料费用按照定额消耗量比例法分配。

二、要求：根据以上资料编制“材料费用分配表”和相应的会计分录。

# 材料费用分配表

20××年 12 月

<table>
<tr><th colspan="4">科　目</th><th colspan="7">原　材　料</th></tr>
<tr><th colspan="4">应贷账户<br>应借账户</th><th>产量（件）</th><th>单位消耗定额（千克）</th><th>定额消耗量（千克/件）</th><th>分配率</th><th>应分配材料费用(元)</th><th>直接材料费用（元）</th><th>合计（元）</th></tr>
<tr><td rowspan="3">基本生产成本</td><td rowspan="2">一车间</td><td>甲</td><td>直接材料</td><td></td><td>25</td><td></td><td></td><td></td><td></td><td></td></tr>
<tr><td>乙</td><td>直接材料</td><td></td><td>50</td><td></td><td></td><td></td><td></td><td></td></tr>
<tr><td>二车间</td><td>丙</td><td>直接材料</td><td></td><td>80</td><td></td><td></td><td></td><td></td><td></td></tr>
<tr><td colspan="4">小　计</td><td></td><td></td><td></td><td></td><td></td><td></td><td></td></tr>
<tr><td colspan="3">制造费用——一车间</td><td>物料消耗</td><td></td><td></td><td></td><td></td><td></td><td></td><td></td></tr>
<tr><td colspan="3">管理费用</td><td>其他</td><td></td><td></td><td></td><td></td><td></td><td></td><td></td></tr>
<tr><td colspan="4">合计</td><td></td><td></td><td></td><td></td><td></td><td></td><td></td></tr>
</table>

【目标 5-1】练习外购动力费用分配的核算

一、资料：某企业生产 A、B 两种产品，20××年 1 月发生电费 7658 元，通过银行支付，月末查明各车间、部门耗电度数为：基本生产车间耗电 5000 度，其中生产产品耗电 4400 度，车间照明用电 600 度；辅助生产车间耗电 2000 度；企业管理部门耗电 658 度。

二、要求：

(1)分配电力费用，A、B 产品按生产工时分配电费。A 产品生产工时为 3000 小时，B 产品生产工时为 2000 小时。

(2)编制该月支付与分配外购电费的会计分录。

【目标 7-1】练习应付职工薪酬分配的核算

一、资料:某企业采用计时工资制,20××年 3 月发生工资成本 128 000 元,其中第一车间生产 A、B 产品的工人的工资为 64 000 元,第一车间管理人员的工资为 4500 元,供汽车间人员的工资为 7000 元,机修车间人员的工资为 10 000 元,销售人员的工资为 16 000 元,管理人员的工资为 26 500 元。本月 A、B 产品的实际生产工时分别为 8800 小时和 7200 小时。

要求:

(1)计算第一车间 A、B 产品应分配的生产工人工资。

(2)编制"工资费用分配表"和相应的工资费用分配的会计分录。

## 工资费用分配表

20××年 3 月

| 应借账户 | | | 成本项目或费用项目 | 实际工时(小时) | 分配率 | 分配金额(元) |
|---|---|---|---|---|---|---|
| 生产成本 | 基本生产成本 | A 产品 | 直接人工 | | | |
| | | B 产品 | 直接人工 | | | |
| | | 小计 | | | | |
| 生产成本 | 辅助生产成本 | 供汽车间 | 直接人工 | | | |
| | | 机修车间 | 直接人工 | | | |
| | | 小计 | | | | |
| 制造费用 | | 第一车间 | 工 资 | | | |
| 销售费用 | | | 工资 | | | |
| 管理费用 | | | 工资 | | | |
| 合 计 | | | | | | |

(3)根据上述资料企业按 14%计提当月的职工福利费,要求编制"职工福利费分配表"和相应的会计分录。

# 职工福利费分配表

20××年 3 月

| 应借账户 | | | 成本项目或费用项目 | 工资总额(元) | 职工福利费(元) |
|---|---|---|---|---|---|
| 总账账户 | 二级账户 | 明细账户 | | | |
| 生产成本 | 基本生产成本 | A 产品 | 直接人工 | | |
| | | B 产品 | 直接人工 | | |
| | | 小计 | | | |
| 生产成本 | 辅助生产成本 | 供汽车间 | 直接人工 | | |
| | | 机修车间 | 直接人工 | | |
| | | 小计 | | | |
| 制造费用 | | 第一车间 | 工资 | | |
| 销售费用 | | | 工资 | | |
| 管理费用 | | | 工资 | | |
| 合　　计 | | | | | |

# 第4章　综合费用的归集与分配

## 内容回顾

- 辅助生产费用的归集和分配
- 制造费用的归集和分配

## 学习目标

1.了解企业生产车间的分类及概念
2.认识辅助生产费用归集的账户设置
3.说明辅助生产费用分配的几种方法
4.能操作辅助生产费用分配的直接分配法和交互分配法
5.能编制辅助生产费用分配会计分录
6.掌握制造费用的概念
7.认识制造费用归集的账户设置
8.掌握制造费用分配的方法

## 学习要点

### 一、辅助生产费用的归集

工业企业的生产车间有基本生产车间和辅助生产车间两种类型。基本生产车间从事企业产品的生产,辅助生产车间主要为基本生产车间、行政管理部门等提供服务而进行产品生产或劳务供应。

## 二、辅助生产费用的归集

1.辅助生产费用的归集是通过“生产成本——辅助生产成本”明细账进行的。

2.辅助生产车间发生的各项费用中,凡属于直接费用,应直接记入该账户和所属有关明细账的借方;凡属于制造费用,应分配记入该账户和所属有关明细账的借方。

3.辅助生产车间发生的制造费用,即辅助生产车间组织管理性费用有两种处理方式:一是记入“制造费用”总账和所属辅助生产制造费用明细账的借方进行归集;二是在费用发生时直接记入“生产成本”总账和下属的明细账。

## 三、辅助生产费用的分配方法

1.直接分配法

2.交互分配法

## 四、制造费用的组成内容

## 五、制造费用的归集

制造费用的归集是通过设置“制造费用”账户进行的。该账户还应按不同的车间、部门设置明细账,账内按照费用项目设立专栏或专户。

## 六、制造费用的分配方法

1.生产工时(实耗工时或定额工时)比例分配法;

2.生产工人工资比例法;

3.机器工时比例分配法;

4.年度计划分配率分配法。

# 自测题

【目标 1-1】制造企业的辅助生产是指(　　)。

A.为基本生产服务的产品生产　　B.为基本生产服务的行政管理

C.为基本生产服务的劳务供应　　D.为基本生产服务的咨询服务

【目标 2-1】辅助生产费用的归集是通过(　　)明细账进行的。

A.生产成本——辅助生产成本　　B.生产成本——基本生产成本

C.管理费用　　D.销售费用

【目标 3-1】辅助生产费用的分配方法包括直接分配法和(　　)。

A.定额成本比例法　　B.计划成本法

C.代数分配法　　D.交互分配法

【目标 3-2】下列(　　)属于辅助生产费用的分配方法。

A.生产工时比例法　　B.定额耗用量比例法

C.直接分配法　　D.交互分配法

【目标 3-3】在各辅助生产车间相互提供劳务很少的情况下,适宜采用的辅助生产费用分配方法是(　　)。

A.直接分配法　　B.交互分配法

C.计划成本分配法　　D.代数分配法

【目标 6-1】制造费用是指制造企业各个生产单位(　　)为组织和管理生产而发生的各项费用。

A.车间和分厂　　B.福利部门

C.工会组织　　D.行政管理部门

【目标 6-2】企业各个生产单位为组织和管理生产而发生的(　　)称为制造费用。

A.折旧费　　B.修理费

C.租赁费和保险费　　D.水电费、取暖费

【目标 7-1】"制造费用"明细账应按不同的车间、部门设置明细账,账内按照(　　)设立专栏或专户。

A.成本项目　　B.费用项目

C.往来单位　　D.个人

【目标 7-2】有关制造费用说法正确的是(　　)。

A.通过设置"制造费用"账户进行核算　　B.借方归集月份内发生的制造费用

C.贷方反映费用的分配　　D.除季节性生产企业外,月末一般无余额

【目标 8-1】在生产多种产品的车间(或分厂)中,制造费用应分配计入各种产品的成本,常用的分配方法有(　　)。

A.生产工时比例分配法　　B.机器工时比例分配法

C.生产工人工资比例分配法　　D.年度计划分配率分配法

# 练习题

## 一、单项选择题

1.为了单独反映废品损失情况,企业可以设置(　　)账户。

A.停工损失　　B.生产成本

C.废品损失　　D.制造费用

2."生产成本——辅助生产成本"一般应按辅助生产单位以及(　　)设立明细账。

A.销售部门　　B.往来单位

C.产品和劳务　　D.个人

3.辅助生产费用分配时,采用直接分配法,各辅助生产车间的待分配费用只对(　　)以

外的受益对象分配一次。

A.基本生产车间　　B.行政管理部门

C.辅助生产车间　　D.人力资源管理部门

4.下列各项中,属于辅助生产费用分配方法的是(　　)。

A.直接分配法　　B.在产品按定额成本计价法

C.在产品按所耗直接材料成本计价法　　D.在产品按固定成本计价法

5.机器工时比例分配法是(　　)分配方法。

A.制造费用　　B.基本生产成本

C.辅助生产成本　　D.销售费用

6.下列关于停工损失的表述中,不正确的是(　　)。

A.应由过失单位或保险公司负担的赔款,应从停工损失中扣除

B.属于自然灾害造成的停工净损失计入制造费用

C.不满一个工作日的停工,一般不计算停工损失

D.辅助生产一般不单独核算停工损失

7.生产车间发生的生产工人的工资,一般应记入(　　)账户。

A.库存商品　　B.本年利润

C.生产成本　　D.主营业务成本

8.某生产车间生产 A 和 B 两种产品,该车间共发生制造费用 200 000 元,A 产品生产工人工时为 4000 小时,B 产品生产工人工时为 6000 小时。若按生产工人工时比例分配制造费用,B 产品应负担的制造费用为(　　)元。

A.80 000　　B.120 000

C.200 000　　D.100 000

## 二、多项选择题

1.辅助生产车间发生的制造费用处理方式有(　　)。

A.记入"制造费用"总账和所属辅助生产制造费用明细账的借方进行归集

B.直接记入"生产成本"总账和下属的明细账

C.直接记入"管理费用"总账

D.直接记入"材料采购成本"账户

2.企业将发生的制造费用分配给甲、乙产品。下列(　　)是正确的。

A.借:生产成本——基本生产成本——甲产品

B.借:生产成本——基本生产成本——乙产品

C.贷:制造费用

D.贷:辅助生产成本

3.辅助生产车间发生的制造费用(　　)。

A.全部记入"管理费用"账户

B.全部记入"生产成本——基本生产成本"账户

C.一种是记入“制造费用——辅助生产车间”账户

D 另一种是记入“生产成本——辅助生产成本”账户

4.下列关于计划成本分配法的表述中,正确的有(　　)。

A.直接将辅助生产车间发生的费用分配给辅助生产车间以外的各个受益单位或产品

B.各受益单位消耗的产品成本或劳务成本,按产品或劳务的计划单位成本乘以消耗量进行计算

C.成本分配不够准确,适用于辅助生产车间计划单位成本比较准确的企业

D.实际发生的费用(包括辅助生产车间内部交互分配转入的费用)与按计划单位成本分配转出的费用之间的差额简化处理计入管理费用

5.下列关于计划成本分配法的表述中,错误的有(　　)。

A.费用项目一经确定,不得任意变更,以利于各期成本费用资料的比较

B.制造费用是指制造企业各个生产单位(包括车间和分厂)为组织和管理生产而发生的各项费用

C.采用交互分配法,各辅助生产车间的待分配费用只对除辅助生产车间以外的受益对象分配一次,计算工作简单

D.采用直接分配法,由于对辅助生产车间内部相互提供的劳务全部进行了交互分配,因而提高了分配结果的合理性和准确性

6.下列各项中不计入制造费用的是(　　)。

A.企业管理人员的水电费　　B.生产车间的水电费

C.生产车间机器的修理费　　D.生产车间工人的工资

7.下列关于辅助生产费用顺序分配法的表述中,正确的有(　　)。

A.分配辅助生产费用的顺序是,受益少的先分配,受益多的后分配

B.分配辅助生产费用的顺序是,受益多的先分配,受益少的后分配

C.适用于各辅助生产车间之间相互受益程度有明显顺序的企业

D.适用于各辅助生产车间之间相互受益程度没有明显顺序的企业

8.下列各项,应该计入制造费用的有(　　)。

A.生产车间管理人员的工资　　B.厂部管理人员的工资

C.生产车间的办公费　　D.厂部的办公费

9.制造费用的分配方法,通常采用的方法有(　　)。

A.生产工人工时比例法　　B.生产工人工资比例法

C.机器工时比例法　　D.约当产量法

10.计入产品成本的各种材料费用,按照用途分配,应记入(　　)账户。

A.管理费用　　B.制造费用

C.生产成本　　D.在建工程

## 三、判断题

1.“生产成本——辅助生产成本”明细账应按辅助生产成本的构成项目设专栏。(　　)

2.辅助生产费用分配应贷记“生产成本——基本生产成本”账户。 (  )

3.“制造费用”账户月末一定无余额。 (  )

4.费用项目一经确定,不得任意变更,以利于各期成本费用资料的比较。 (  )

5.生产损失是由废品损失和停工损失两部分组成的。 (  )

6.辅助生产费用的直接分配法是将辅助生产车间发生的费用分配给各个受益对象。 (  )

7.辅助生产费用的交互分配法就是将辅助生产车间发生的费用,在辅助生产车间部门之外的各受益单位之间进行分配。 (  )

8.辅助生产费用交互分配法只进行辅助生产车间之间的交互分配。 (  )

9.辅助生产费用发生的制造费用,都通过制造费用账户核算。 (  )

10.“制造费用”账户借方归集月份内发生的制造费用,贷方反映费用的分配,除季节性生产企业外,月末一般无余额。 (  )

11.制造费用的分配对象应是各车间(或分厂)本期所生产的各种产品和所提供的劳务。 (  )

## 四、会计名词解释

【目标 1-1】辅助生产

【目标 3-1】直接分配法

【目标 3-2】交互分配法

【目标 6-1】制造费用

【目标 7-1】机器工时比例分配法

## 五、简述题

【目标 3-1】辅助生产费用的分配方法是什么?

【目标 3–2】简述直接分配法的程序。

【目标 3–3】简述交互分配法的程序。

【目标 3–4】简述辅助生产费用分配的特点。

【目标 3–5】辅助生产车间组织管理性费用有两种处理方式,分别是什么?

【目标 3–6】简述辅助生产对成本的影响。

【目标 6–1】制造费用包括哪些内容?

【目标 7–1】制造费用常用的分配方法有哪些?

【目标 7–2】简述几种制造费用分配方法的区别。

## 六、综合成本核算题

【目标 4–1】练习辅助生产费用的分配

一、资料：某工业企业有供水和供电两个辅助生产车间。某年 7 月份供水车间供水 9000 吨，全月发生的生产费用为 3500 元；供电车间供电 40 000 度，全月发生的生产费用为 12 400 元，水电均为一般消耗。该企业采取直接分配法分配辅助生产费用。本月各车间、部门消耗水电情况如下表：

| 消耗 | 单位 | 供水车间 | 供电车间 | 基本生产车间 | 管理部门 |
|---|---|---|---|---|---|
| 水 | 吨 | | 2000 | 5500 | 1500 |
| 电 | 度 | 4000 | | 30 000 | 6000 |

二、要求：

(1)分别计算供水车间和供电车间的辅助生产费用分配率(计算结果保留小数点后五位数字)。

(2)计算各受益部门应分配的辅助生产费用(计算结果保留整数)。

(3)编制相关会计分录。

【目标 4–2】练习辅助生产费用的分配

一、资料：某企业有供水和供电两个辅助生产车间，主要为本企业基本生产车间和行政管理部门服务。根据 20××年 8 月辅助生产明细账得知，供水车间本月发生的费用为 45 000

元，供电车间本月发生的费用为2500元。各辅助生产车间供应的劳务数量见下表。

## 各辅助生产车间供应的劳务数量

20××年8月

| 受益对象 | 耗水(吨) | 耗电(度) |
|---|---|---|
| 基本生产——甲产品 | | 2000 |
| 基本生产车间 | 4000 | 1600 |
| 辅助生产车间——供电 | 2000 | |
| 辅助生产车间——供水 | | 600 |
| 行政管理部门 | 1600 | 250 |
| 专设销售机构 | 400 | 550 |
| 合计 | 8000 | 5000 |

二、要求：

(1)根据上述资料，用直接分配法分配辅助生产费用，将计算结果填入下表中，并编制分配的会计分录(费用分配率保留小数点后四位数字)。

## 辅助生产费用分配表

(直接分配法)

20××年8月　　单位：元

| 辅助生产车间名称 | | | 供水车间 | 供电车间 | 金额 |
|---|---|---|---|---|---|
| 待分配费用 | | | | | |
| 供应辅助生产车间以外单位的劳务数量 | | | | | |
| 费用分配率 | | | | | |
| 基本生产车间 | 应借“生产成本”账户 | 数量 | | | |
| | | 金额 | | | |
| 基本生产车间 | 应借“制造费用”账户 | 数量 | | | |
| | | 金额 | | | |
| 小计 | | | | | |
| 行政管理部门消耗 | 应借“管理费用”账户 | 数量 | | | |
| | | 金额 | | | |
| 专设销售机构消耗 | 应借“销售费用”账户 | 数量 | | | |
| | | 金额 | | | |
| 分配金额合计 | | | | | |

(2)根据上述资料，用一次交互分配法分配辅助生产成本，并编制分配的会计分录。

# 辅助生产费用分配表

（交互分配法）

20××年 8 月　　　　单位：元

<table>
<tr><td colspan="3">项目</td><td colspan="3">交互分配</td><td colspan="3">对外分配</td></tr>
<tr><td colspan="3">辅助生产车间名称</td><td>供水车间</td><td>供电车间</td><td>合计</td><td>供水车间</td><td>供电车间</td><td>合计</td></tr>
<tr><td colspan="3">待分配费用</td><td></td><td></td><td></td><td></td><td></td><td></td></tr>
<tr><td colspan="3">劳务供应数量总额</td><td></td><td></td><td></td><td></td><td></td><td></td></tr>
<tr><td colspan="3">费用分配率(单位成本)</td><td></td><td></td><td></td><td></td><td></td><td></td></tr>
<tr><td rowspan="5">辅助生产消耗</td><td rowspan="2">供水车间</td><td>数量</td><td></td><td></td><td></td><td></td><td></td><td></td></tr>
<tr><td>金额</td><td></td><td></td><td></td><td></td><td></td><td></td></tr>
<tr><td rowspan="2">供电车间</td><td>数量</td><td></td><td></td><td></td><td></td><td></td><td></td></tr>
<tr><td>金额</td><td></td><td></td><td></td><td></td><td></td><td></td></tr>
<tr><td colspan="2">金额小计</td><td></td><td></td><td></td><td></td><td></td><td></td></tr>
<tr><td colspan="2" rowspan="2">基本生产车间甲产品消耗</td><td>数量</td><td></td><td></td><td></td><td></td><td></td><td></td></tr>
<tr><td>金额</td><td></td><td></td><td></td><td></td><td></td><td></td></tr>
<tr><td colspan="2" rowspan="2">基本生产车间一般性消耗</td><td>数量</td><td></td><td></td><td></td><td></td><td></td><td></td></tr>
<tr><td>金额</td><td></td><td></td><td></td><td></td><td></td><td></td></tr>
<tr><td colspan="2" rowspan="2">行政管理部门消耗</td><td>数量</td><td></td><td></td><td></td><td></td><td></td><td></td></tr>
<tr><td>金额</td><td></td><td></td><td></td><td></td><td></td><td></td></tr>
<tr><td colspan="2" rowspan="2">专设销售机构消耗</td><td>数量</td><td></td><td></td><td></td><td></td><td></td><td></td></tr>
<tr><td>金额</td><td></td><td></td><td></td><td></td><td></td><td></td></tr>
<tr><td colspan="3">分配金额合计</td><td></td><td></td><td></td><td></td><td></td><td></td></tr>
</table>

【目标 8-1】练习制造费用分配的核算

一、资料：某企业 20××年 4 月某车间生产 A 产品的实际产量为 3000 件，B 产品的实际产量为 1500 件；A 产品的实际生产工时为 2 小时/件，B 产品的实际生产工时为 6 小时/件。已知当月制造费用总额为 89 790 元。

二、要求：

1.列式计算制造费用的分配过程。

2.编制有关会计分录。

【目标 8-2】练习制造费用分配的核算

一、资料：20××年 1 月，某企业第一车间发生下列相关的经济业务：

(1)生产领用原材料 50 000 元，用于产品生产；领用一般消耗材料 450 元。

(2)固定资产计提折旧情况见下表：

折旧明细表

| 车间名称 | 固定资产类别 | 折旧计提基数(元) | 月折旧率(%) | 月折旧额(元) |
|---|---|---|---|---|
| 第一车间 | 厂房 | 5 000 000 | 0.3 | 15 000 |
| | 设备 | 1 500 000 | 0.8 | 12 000 |
| 合计 | | 6 500 000 | | 27 000 |

(3)财会部门为第一车间支付日常办公费 1200 元。

(4)应付职工薪酬 7890 元，其中生产工人工资 6490 元，生产车间管理人员工资 1400 元。

(5)第一车间本月消耗的生产工时共计 60 100 小时，其中：A 产品 30 890 小时，B 产品29 210 小时。

二、要求：

1.根据资料中的经济业务事项，编制会计分录。

(1)

(2)

(3)

(4)

2.采用生产工时比例法编制制造费用分配表。

## 制造费用分配表

20××年 1 月

| 产品名称 | 分配标准(工时) | 分配率 | 分配额(元) |
| --- | --- | --- | --- |
| A 产品 | | | |
| B 产品 | | | |
| 合计 | | | 30 050 |

3.结转制造费用。

# 第5章 生产费用在完工产品与在产品之间的分配

内容回顾

- 在产品数量的核算
- 生产费用在完工产品与在产品之间的分配

## 学习目标

1.说明生产费用在完工产品与在产品之间分配的方法
2.说明生产费用在完工产品与在产品之间分配方法的适用范围
3.掌握约当产量比例法的概念及应用

## 学习要点

### 一、生产费用在完工产品与在产品之间分配的方法

1.约当产量比例法
2.定额成本法
3.定额比例法
4.不计算在产品成本
5.按年初在产品成本计算
6.按所消耗直接材料费用计算在产品成本

## 二、约当产量法

# 自测题

【目标 1-1】生产费用在完工产品与在产品之间的分配方法,不包括(　　)。

A.生产工时比例法　　B.约当产量比例法

C.定额成本法　　D.定额成本比例法

【目标 1-2】当月末某产品既有完工产品、又有未完工产品时,应将(　　)在完工产品和月末在产品之间进行分配。

A.期初在产品成本　　B.期初在产品成本+本月生产费用

C.生产费用累计数　　D.期末在产品成本

【目标 2-1】关于月末不计算在产品成本,表述不正确的是(　　)。

A.各个月末在产品数量很少

B.在产品成本对完工产品成本影响不大

C.当月发生的生产费用全部由当月完工产品负担

D.消耗定额准确

【目标 2-2】在完工产品和月末在产品之间分配生产费用,应根据(　　)。

A.在产品数量的多少　　B.各个月末在产品数量的波动程度

C.各项费用比重的大小　　D.定额管理水平的高低

【目标 2-3】完工产品和在产品之间分配费用的方法包括(　　)。

A.约当产量比例法　　B.定额比例法

C.直接分配法　　D.交互分配法

【目标 3-1】采用约当产量法,如果产品生产过程中直接人工和制造费用的发生都比较均衡,在产品完工程度可按(　　)计算。

A.25%　　B.50%

C.60%　　D.100%

【目标 3-2】下列情况下,需要计算在产品完工率的有(　　)。

A.原材料在开始时一次性投入

B.原材料分别在各个工序开始时一次性投入

C.材料随着加工进度陆续投入,投入程度与加工程度一致

D.材料随着加工进度陆续投入,投入程度与加工程度不一致

# 练习题

## 一、单项选择题

1.在产品清查结果的账务处理是通过(　　)账户进行的。

A.“生产成本” B.“制造费用”

C.“待处理财产损益” D.“以前年度损益”

2.企业归集各项生产费用、计算在产品数量的目的是确定(　　)。

A.在产品成本 B.完工产品成本

C.固定资产成本 D.主营业务成本

3.在完工产品和月末在产品之间分配生产费用,在约当产量法下,应按(　　)进行。

A.费用项目 B.管理费用项目

C.销售费用项目 D.成本项目

4.完工产品成本计算出来后,(　　)。

A.从“生产成本”账户贷方转入“库存商品”账户借方

B.从“生产成本”账户贷方转入“原材料”账户借方

C.从“库存商品”账户贷方转入“生产成本”账户借方

D.从“原材料”账户贷方转入“生产成本”账户借方

5.在约当产量法下,其他成本项目一律按(　　)和完工产品产量的比例进行分配。

A.在产品的计划产量 B.在产品的实际产量

C.在产品的约当产量 D.在产品的定额消耗量

6.在定额成本比例法下,直接材料按材料定额费用的比例分配,直接人工和制造费用按(　　)的比例分配。

A.实际生产工时 B.定额工时

C.产品产量 D.产品重量

7.某厂生产某产品,月末完工 8 件,在产品 4 件,完工程度 50%,已知本月发生生产费用 1800 元,月初在产品成本 200 元,约当产量法下分配月末完工产品成本是(　　)元。

A.1600 B.400

C.600 D.1200

8.生产车间发生的生产工人工资,一般应记入(　　)账户。

A.库存商品 B.本年利润

C.生产成本 D.主营业务成本

## 二、多项选择题

1.下列(　　)不是广义在产品的内容。

A.某一车间 B.某一生产步骤

C.某一车间或某一生产步骤 D.全部生产过程

2.关于在产品数量核算,说法正确的是(　　)。

A.必须具备账面核算资料

B.账面核算资料,通过设置“在产品台账”进行日常核算

C.必须具备实际盘点资料

D.实际盘点资料,通过财产清查取得

3.采用定额成本法,计算在产品成本要求(　　)。

A.消耗定额准确　　B.消耗定额比较固定

C.各月在产品数量变动不大　　D.消耗定额不宜经常修改

4.生产费用在完工产品与在产品之间分配的方法,有(　　)。

A.约当产量比例法　　B.定额成本比例法

C.定额成本法　　D.月末不计算在产品成本

5.(　　)属于生产费用在完工产品与在产品之间分配的方法。

A.不计算在产品成本

B.按年初在产品成本计算

C.按所消耗直接材料计算在产品成本

D.约当产量法

6.完工产品与月末在产品之间分配费用的约当产量法可以用来分配(　　)。

A.直接材料　　B.直接人工

C.制造费用　　D.管理费用

## 三、判断题

1. 在产品是指已经投入生产，但没有完成生产过程，不能作为商品销售的产品。(　　)

2.根据审核后的“在产品盘存表”进行存货的盘盈盘亏账务处理。(　　)

3.约当产量是指将月末完工产品的实际数量,按其完工程度折合为在产品的数量。(　　)

4.“生产成本”账户的借方余额即为基本生产车间在产品的成本。(　　)

5.在约当产量法下,其他成本项目一律按在产品实际数量和完工产品产量的比例进行分配。(　　)

6.在产品发生盘盈时:

借:生产成本

　贷:待处理财产损益——待处理流动资产损益(　　)

7.在产品数量核算必须具备账面核算资料和实际盘点资料,前者通过设置“在产品台账”,组织在产品收发结存的日常核算。(　　)

8.约当产量比例法是指按照完工产品数量和在产品约当产量的比例分配费用的方法。(　　)

9.在产品按定额比例计算的方法是根据在产品的数量与单位材料消耗定额、工时定额与单位工时的工资定额、费用定额计算在产品成本的方法。(　　)

10. 定额成本法是按照完工产品和月末在产品定额费用比例或定额消耗量比例分配生产费用的方法。(　　)

11. 车间管理人员的工资不属于直接工资，因而不能计入产品成本，而应计入期间费用。(　　)

## 四、会计名词解释

【目标 1–1】在产品

【目标 1–2】狭义的在产品

【目标 1–3】广义的在产品

【目标 1–4】在产品台账

【目标 1–5】在产品清查

【目标 2–1】约当产量

【目标 2–2】约当产量比例法

【目标 2–3】直接材料费用分配率

【目标 2–4】定额成本法

【目标 2–5】定额比例法

## 五、简述题

【目标 1-1】生产费用在完工产品与在产品之间分配的方法有哪些？

【目标 1-2】在实际工作中企业可采用什么方法进行月末在产品成本计算？

【目标 3-1】怎样计算在产品完工程度？

【目标 3-2】定额成本法和定额比例法的区别是什么？

## 六、综合成本核算题

【目标 3-1】用约当产量法计算完工产品成本与月末在产品成本

一、资料：某家电厂生产批号为 DH-1 的甲产品，完工程度为 50%，该产品原材料系生产开始时一次投入，且费用发生均衡。其他资料见下表。

# 基本生产成本明细账

产品名称:甲产品

完工数量:40 台

在产品数量:60 台

| 月 | 日 | 摘要 | 直接材料(元) | 直接人工(元) | 制造费用(元) | 合计(元) |
|---|---|---|---|---|---|---|
| 1 | 31 | 1 月份发生成本 | 20 000 | 1100 | 800 | 21 900 |
| 2 | 28 | 2 月份发生成本 | | 1700 | 1300 | 3000 |
| | 28 | 合计 | 20 000 | 2800 | 2100 | 24 900 |
| | 28 | 完工 40 台总成本 | | | | |
| | 28 | 完工 40 台单位成本 | | | | |
| | 28 | 在产品成本 | | | | |

要求:1.月末采用约当产量法列式计算完工产品和月末在产品成本。

2.将计算结果填入表中。

【目标 3-2】练习生产费用在完工产品和在产品之间的分配

一、资料：某企业生产甲产品，原材料在生产开始时一次投入，某月完工产品 6000 件，在产品 4000 件，完工程度为 50%。其他资料如下(单元：元)：

| 项目 | 直接材料 | 直接人工 | 制造费用 | 合计 |
| --- | --- | --- | --- | --- |
| 月初在产品成本 | 16 000 | 8500 | 6000 | 30 500 |
| 本月发生费用 | 100 000 | 34 900 | 40 000 | 174 900 |
| 合计 | 116 000 | 43 400 | 46 000 | 205 400 |

三、要求：

1.计算月末在产品约当产量(列式计算)。

2.用约当产量法计算完工产品成本与月末在产品成本(列式计算)。

3.根据计算结果,编制结转完工产品成本的会计分录。

【目标 3-3】计算各工序的完工程度

一、资料:假设某企业甲产品经三道工序加工完成,每道工序工时定额分别为 30 小时、10 小时和 40 小时。

二、要求:计算每道工序的完工程度。

【目标 3-4】初步认识工业企业产品成本归集的一般核算程序,月末计算完工产品生产成本与在产品成本

一、资料:

1.某企业设有一个基本生产车间(第一车间),生产 A、B 两种产品,另设一个辅助生产车间(机修车间),为生产车间提供修理劳务,采用直接分配法分配辅助生产费用。完工产品和在产品之间采用约当产量法进行费用分配。制造费用按生产工时比例分配。原材料在生产开始时一次投入,A、B 两种产品均无期初在产品。

本月产量及工时消耗记录如表 5-1 所示。

表 5-1 本月产量及工时消耗记录

| 项目 | A 产品(件) | B 产品(件) |
|---|---|---|
| 本月投产 | 2000 | 3000 |
| 本月完工 | 1800 | 3000 |
| 月末在产品 | 200 | 0 |
| 完工程度 | 50% | |
| 生产工时消耗 | 57 000 | 60 000 |

2.成本计算程序

(1)开设有关成本费用明细账

①按 A、B 两种产品分别设置基本生产成本明细账,见表 5-10 和表 5-11。

②设置机修辅助生产成本明细账，见表 5-6。

③设置制造费用明细账，见表 5-8。

(2)归集和分配各种要素费用

①根据有关领料凭证，按领料部门和用途编制材料费用分配汇总表，如表 5-2 所示，并根据材料费用分配汇总表，编制记账凭证。

## 表 5-2　材料费用分配汇总表

单位：元

| 部门及用途 | | 原料及主要材料 | 外购半成品 | 辅助材料 | 修理用备件 | 低值易耗品 | 合计 |
|---|---|---|---|---|---|---|---|
| 基本生产成本 | A 产品 | 5600 | 272 130 | 130 | | | 277 860 |
| | B 产品 | 44 000 | 9400 | | | | 53 400 |
| 小计 | | 49 600 | 281 530 | 130 | | | 331 260 |
| 辅助生产成本 | 修理用 | | | | 2000 | | 2000 |
| | 机物料消耗 | | | | | 10 000 | 10 000 |
| 合计 | | 49 600 | 281 530 | 130 | 2000 | 10 000 | 343 260 |

②根据各车间、部门所耗电费及应付电费，编制外购动力费用分配表，如表 5-3，并根据外购动力费用分配表，编制记账凭证。

## 表 5-3　外购动力费用分配表

单位：元

| 部门及用途 | | 耗用电(度) | 单价 | 分配额 |
|---|---|---|---|---|
| 第一车间 | 制造费用 | 17 000 | 0.6 | 10 200 |
| 机修车间 | 修理费 | 5500 | 0.6 | 3300 |
| 厂部 | 一般消耗 | 2000 | 0.6 | 1200 |
| 合计 | | | | 14 700 |

注：第一车间生产 A、B 两种产品耗用电力没有单独计量，作制造费用处理。

③根据本月应付工资和计提职工福利费比例，编制工资费用与职工福利费分配表，如表 5-4，并根据工资费用与职工福利费分配表，编制记账凭证。

④根据固定资产原值及月折旧率，编制固定资产折旧计算表，据以计提折旧费用，见表 5-5，并根据固定资产折旧计算表，编制记账凭证。

## 表 5-4 工资费用与职工福利费分配表

单位：元

| 应借账户 | | 成本或费用项目 | 间接计入工资费用 | | | 职工福利费 | |
|---|---|---|---|---|---|---|---|
| | | | 生产工时 | 分配率 | 分配金额 | 计提比例 | 计提金额 |
| 基本生产成本 | A 产品 | 直接材料 | 57 000 | | | 14% | |
| | B 产品 | 直接材料 | 43 000 | | | 14% | |
| 小计 | | | 100 000 | | 200 000 | 14% | |
| 第一车间管理人员 | | 工资 | | | 13 000 | 14% | |
| 机修车间管理人员 | | 工资 | | | 14 000 | 14% | |
| 行政管理部门 | | | | | 59 000 | 14% | |
| 合计 | | | | | 286 000 | 14% | |

## 表 5-5 固定资产折旧计算表

| 应借账户 | 原值(元) | 月折旧率 | 月折旧额(元) |
|---|---|---|---|
| 第一车间： | 5 300 000 | | |
| 房屋及建筑物 | 3 500 000 | 1% | |
| 机器设备 | 1 600 000 | 2% | |
| 其他 | 200 000 | 1% | |
| 机修车间： | 1 000 000 | | |
| 房屋及建筑物 | 800 000 | 1% | |
| 机器设备 | 200 000 | 2% | |
| 其他 | | | |
| 管理部门： | 2 815 000 | 1% | |
| 房屋及建筑物 | 2 000 000 | 2% | |
| 机器设备 | 800 000 | 1% | |
| 其他 | 15 000 | | |

(3)归集和分配辅助生产费用

①根据上述各种费用分配表及有关凭证，登记辅助生产成本明细账，如表 5-6 所示。

## 表 5-6 辅助生产成本明细账

明细账户:机修车间　　　　单位:元

| 年 | | 摘要 | 直接材料 | 直接人工 | 制造费用 | 合计 |
|---|---|---|---|---|---|---|
| 月 | 日 | | | | | |
| | | 分配材料费用 | | | | |
| | | 分配工资费用 | | | | |
| | | 分配福利费用 | | | | |
| | | 分配折旧费用 | | | | |
| | | 分配动力费用 | | | | |
| | | 本月合计 | | | | |
| | | 分配转出 | | | | |

②根据机修车间为各车间、部门提供的修理工时数,编制辅助生产费用分配表,见表 5-7,并根据辅助生产费用分配表,编制记账凭证。

## 表 5-7 辅助生产费用分配表

| 部门 | 耗用工时(小时) | 分配率 | 分配金额(元) |
|---|---|---|---|
| 第一车间 | 5000 | | |
| 行政管理部门 | 2000 | | |
| 销售部门 | 3000 | | |
| 合计 | 10 000 | | |

(4)归集和分配制造费用

①根据各种费用分配表及有关凭证,登记第一车间制造费用明细账,见表 5-8。

②根据生产 A、B 两种产品生产工时比例分配制造费用,编制制造费用分配表,见表 5-9,并根据制造费用分配表,编制记账凭证。

(5)计算各种完工产品和在产品成本

①根据各种费用分配表及有关凭证,登记基本生产成本明细账,归集每种产品所发生的全部费用,见表 5-10 和表 5-11。

## 表 5-8　制造费用明细账

明细账户:第一车间　　　　单位:元

| 摘要 | 工资 | 福利费 | 折旧费 | 水电费 | 修理费 | 合计 |
|---|---|---|---|---|---|---|
| 分配工资费用 | | | | | | |
| 分配福利费用 | | | | | | |
| 分配折旧费用 | | | | | | |
| 分配动力费用 | | | | | | |
| 分配机修费用 | | | | | | |
| 本月合计 | | | | | | |
| 分配转出 | | | | | | |

## 表 5-9　制造费用分配表

| 产品名称 | 生产工时(小时) | 分配率(元/小时) | 分配金额(元) |
|---|---|---|---|
| A 产品 | 57 000 | | |
| B 产品 | 43 000 | | |
| 合计 | 100 000 | | |

## 表 5-10　基本生产成本明细账

产品名称:A 产品　　　　单位:元

| 年 | | 摘　要 | 直接材料 | 直接人工 | 制造费用 | 合计 |
|---|---|---|---|---|---|---|
| 月 | 日 | | | | | |
| | | | | | | |
| | | | | | | |
| | | | | | | |
| | | | | | | |
| | | | | | | |
| | | | | | | |
| | | | | | | |

## 表 5-11 基本生产成本明细账

产品名称:B 产品　　　　单位:元

| 年 | | 摘 要 | 直接材料 | 直接人工 | 制造费用 | 合计 |
|---|---|---|---|---|---|---|
| 月 | 日 | | | | | |
| | | | | | | |
| | | | | | | |
| | | | | | | |
| | | | | | | |
| | | | | | | |
| | | | | | | |

②A 产品采用约当产量法,计算完工产品和在产品成本,见表 5-12。

## 表 5-12 完工产品与月末在产品费用分配表

单位:元

| 项目 | 直接材料 | 直接人工 | 制造费用 | 合计 |
|---|---|---|---|---|
| 生产费用合计 | | | | |
| 本月完工产品数量 | | | | |
| 月末在产品数量 | | | | |
| 月末在产品完工程度 | | | | |
| 月末在产品约当产量 | | | | |
| 约当产量总计 | | | | |
| 费用分配率 | | | | |
| 本月完工产品总成本 | | | | |
| 月末在产品成本 | | | | |

③B 产品全部完工,所以发生的全部费用即为完工产品成本。

(6)根据 A、B 两种产品基本生产成本明细账计算的完工产品总成本和单位成本,编制完工产品成本汇总表,见表 5-13。

## 表5-13 完工产品成本汇总表

单位:元

| 成本项目 | A产品 | | B产品 | |
|---|---|---|---|---|
| | 总成本 | 单位成本 | 总成本 | 单位成本 |
| 直接材料 | | | | |
| 直接人工 | | | | |
| 制造费用 | | | | |
| 合　计 | | | | |

(7)根据完工产品成本汇总表,编制记账凭证。

## 记账凭证

年　月　日　　　　记字第　号

| 摘　要 | 会计科目 | | 记账 | 借方金额 | 记账 | 贷方金额 |
|---|---|---|---|---|---|---|
| | 一级科目 | 二级或明细科目 | | | | |
| | | | | | | |
| | | | | | | |
| | | | | | | |
| | | | | | | |
| | | | | | | |
| | | | | | | |
| | | | | | | |
| 合　计 | | | | | | |

# 记账凭证

年　月　日　　　　　　　　记字第　号

| 摘　要 | 会计科目 | | 记账 | 借方金额 | 记账 | 贷方金额 |
|---|---|---|---|---|---|---|
| | 一级科目 | 二级或明细科目 | | | | |
| | | | | | | |
| | | | | | | |
| | | | | | | |
| | | | | | | |
| | | | | | | |
| | | | | | | |
| | | | | | | |
| 合　计 | | | | | | |

# 记账凭证

年　月　日　　　　　　　　记字第　号

| 摘　要 | 会计科目 | | 记账 | 借方金额 | 记账 | 贷方金额 |
|---|---|---|---|---|---|---|
| | 一级科目 | 二级或明细科目 | | | | |
| | | | | | | |
| | | | | | | |
| | | | | | | |
| | | | | | | |
| | | | | | | |
| | | | | | | |
| | | | | | | |
| 合　计 | | | | | | |

# 记账凭证

年 月 日 记字第 号

| 摘 要 | 会计科目 | | 记账 | 借方金额 | 记账 | 贷方金额 |
|---|---|---|---|---|---|---|
| | 一级科目 | 二级或明细科目 | | | | |
| | | | | | | |
| | | | | | | |
| | | | | | | |
| | | | | | | |
| | | | | | | |
| | | | | | | |
| | | | | | | |
| 合 计 | | | | | | |

# 记账凭证

年 月 日 记字第 号

| 摘 要 | 会计科目 | | 记账 | 借方金额 | 记账 | 贷方金额 |
|---|---|---|---|---|---|---|
| | 一级科目 | 二级或明细科目 | | | | |
| | | | | | | |
| | | | | | | |
| | | | | | | |
| | | | | | | |
| | | | | | | |
| | | | | | | |
| | | | | | | |
| 合 计 | | | | | | |

# 记账凭证

年 月 日　　　　记字第 号

| 摘 要 | 会计科目 | | 记账 | 借方金额 | 记账 | 贷方金额 |
|---|---|---|---|---|---|---|
| | 一级科目 | 二级或明细科目 | | | | |
| | | | | | | |
| | | | | | | |
| | | | | | | |
| | | | | | | |
| | | | | | | |
| | | | | | | |
| | | | | | | |
| 合 计 | | | | | | |

# 记账凭证

年 月 日　　　　记字第 号

| 摘 要 | 会计科目 | | 记账 | 借方金额 | 记账 | 贷方金额 |
|---|---|---|---|---|---|---|
| | 一级科目 | 二级或明细科目 | | | | |
| | | | | | | |
| | | | | | | |
| | | | | | | |
| | | | | | | |
| | | | | | | |
| | | | | | | |
| | | | | | | |
| 合 计 | | | | | | |

# 记账凭证

年 月 日　　　　记字第 号

| 摘 要 | 会计科目 | | 记账 | 借方金额 | 记账 | 贷方金额 |
|---|---|---|---|---|---|---|
| | 一级科目 | 二级或明细科目 | | | | |
| | | | | | | |
| | | | | | | |
| | | | | | | |
| | | | | | | |
| | | | | | | |
| | | | | | | |
| | | | | | | |
| 合 计 | | | | | | |

# 记账凭证

年 月 日　　　　记字第 号

| 摘 要 | 会计科目 | | 记账 | 借方金额 | 记账 | 贷方金额 |
|---|---|---|---|---|---|---|
| | 一级科目 | 二级或明细科目 | | | | |
| | | | | | | |
| | | | | | | |
| | | | | | | |
| | | | | | | |
| | | | | | | |
| | | | | | | |
| | | | | | | |
| 合 计 | | | | | | |

# 记账凭证

年 月 日　　　　记字第 号

<table>
<tr><td rowspan="2">摘 要</td><td colspan="2">会计科目</td><td rowspan="2">记账</td><td rowspan="2">借方金额</td><td rowspan="2">记账</td><td rowspan="2">贷方金额</td></tr>
<tr><td>一级科目</td><td>二级或明细科目</td></tr>
<tr><td></td><td></td><td></td><td></td><td></td><td></td><td></td></tr>
<tr><td></td><td></td><td></td><td></td><td></td><td></td><td></td></tr>
<tr><td></td><td></td><td></td><td></td><td></td><td></td><td></td></tr>
<tr><td></td><td></td><td></td><td></td><td></td><td></td><td></td></tr>
<tr><td></td><td></td><td></td><td></td><td></td><td></td><td></td></tr>
<tr><td></td><td></td><td></td><td></td><td></td><td></td><td></td></tr>
<tr><td></td><td></td><td></td><td></td><td></td><td></td><td></td></tr>
<tr><td colspan="3">合 计</td><td></td><td></td><td></td><td></td></tr>
</table>

# 记账凭证

年 月 日　　　　记字第 号

<table>
<tr><td rowspan="2">摘 要</td><td colspan="2">会计科目</td><td rowspan="2">记账</td><td rowspan="2">借方金额</td><td rowspan="2">记账</td><td rowspan="2">贷方金额</td></tr>
<tr><td>一级科目</td><td>二级或明细科目</td></tr>
<tr><td></td><td></td><td></td><td></td><td></td><td></td><td></td></tr>
<tr><td></td><td></td><td></td><td></td><td></td><td></td><td></td></tr>
<tr><td></td><td></td><td></td><td></td><td></td><td></td><td></td></tr>
<tr><td></td><td></td><td></td><td></td><td></td><td></td><td></td></tr>
<tr><td></td><td></td><td></td><td></td><td></td><td></td><td></td></tr>
<tr><td></td><td></td><td></td><td></td><td></td><td></td><td></td></tr>
<tr><td></td><td></td><td></td><td></td><td></td><td></td><td></td></tr>
<tr><td colspan="3">合 计</td><td></td><td></td><td></td><td></td></tr>
</table>

# 记账凭证

年　月　日　　　　　　　　　　　　　记字第　号

| 摘　要 | 会计科目 | | 记账 | 借方金额 | 记账 | 贷方金额 |
|---|---|---|---|---|---|---|
| | 一级科目 | 二级或明细科目 | | | | |
| | | | | | | |
| | | | | | | |
| | | | | | | |
| | | | | | | |
| | | | | | | |
| | | | | | | |
| | | | | | | |
| 合　计 | | | | | | |

# 记账凭证

年　月　日　　　　　　　　　　　　　记字第　号

| 摘　要 | 会计科目 | | 记账 | 借方金额 | 记账 | 贷方金额 |
|---|---|---|---|---|---|---|
| | 一级科目 | 二级或明细科目 | | | | |
| | | | | | | |
| | | | | | | |
| | | | | | | |
| | | | | | | |
| | | | | | | |
| | | | | | | |
| | | | | | | |
| 合　计 | | | | | | |

# 第6章　成本计算方法的分类

## 内容回顾

- 企业生产类型及管理要求对成本计算方法的影响
- 产品成本计算方法

## 学习目标

1.认识企业生产类型
2.说明企业生产类型和成本管理要求对成本计算方法的影响
3.说出产品成本计算的基本方法
4.认识产品成本计算的其他方法

## 学习要点

### 一、企业生产类型

1.按照企业的生产工艺过程特点,可分为单步骤生产和多步骤生产。
多步骤生产可以分为连续式生产和装配式生产两种类型。
(1)连续式多步骤生产
(2)装配式多步骤生产
2.按照生产组织的特点,可分为大量生产、成批生产和单件生产。

## 二、企业生产类型和成本管理要求对成本计算方法的影响

1.对成本计算对象的影响
2.对成本计算期的影响
3.对生产费用在完工产品和在产品之间分配的影响

## 三、产品成本计算的基本方法有品种法、分步法、分批法三种

## 四、产品成本计算的其他方法有分类法和定额法

# 自测题

【目标 1-1】(　　)属于单步骤生产类型。

A.发电企业　　B.机械加工企业
C.自来水企业　　D.面粉厂

【目标 1-2】不属于装配式多步骤生产企业的是(　　)。

A.自行车生产企业　　B.钟表生产企业
C.船舶制造企业　　D.自来水生产企业

【目标 1-3】按照生产组织的特点,企业可分为(　　)。

A.大量生产和成批生产　　B.多步骤生产
C.单件生产　　D.单步骤生产

【目标 1-4】企业按照生产工艺过程特点,可分为(　　)。

A.三步骤　　B.两步骤
C.单步骤　　D.多步骤

【目标 1-5】多步骤生产按其产品加工的方式不同和各个生产步骤的内在联系,可以分为(　　)。

A.连续式生产　　B.装配式生产
C.大批生产　　D.大量生产

【目标 3-1】成本计算方法中最基本的方法是(　　)。

A.分步法　　B.分批法
C.品种法　　D.分类法

【目标 3-2】(　　)是成本计算方法的核心要素,是构成成本计算方法的主要标志。

A.成本计算方法　　B.成本计算对象
C.成本计算类型　　D.成本计算步骤

【目标 3-3】分批法是指(　　)。

A.以产品批别为成本计算对象的成本计算方法
B.以产品生产步骤为成本计算对象的成本计算方法

C.在实际费用发生时，将其划分为定额成本和定额差异两部分来归集
D.以产品类别为成本核算对象，将生产费用按产品的类别进行归集
【目标 3–4】成本计算基本方法有（　　）。
A.分类法　　B.品种法
C.分步法　　D.分批法
【目标 3–5】工业企业的生产，按照生产工艺过程特点，可分为（　　）两种类型。
A.单件生产　　B.多步骤生产
C.单步骤生产　　D.成批生产

# 练习题

## 一、单项选择题

1.《企业会计准则》规定，企业一般应按（　　）进行成本计算。
A.年　　B.季
C.月　　D.半年
2.关于大量生产的描述不正确的是（　　）。
A.不断地重复生产品种相同的产品　　B.品种一般较少
C.品种种类比较稳定　　D.品种多
3.下列说法不正确的是（　　）。
A.以产品品种为成本计算对象的成本计算方法，称品种法
B.以产品品种为成本计算对象的成本计算方法，称分批法
C.以产品批别为成本计算对象的成本计算方法，称分批法
D.以产品生产步骤和产品品种为成本计算对象的成本计算方法，称分步法
4. 自行车属于（　　）企业生产类型。
A.单步骤生产　　B.装配式多步骤生产
C.单件生产　　D.连续式多步骤生产
5.下列选项中，属于产品成本计算基本方法的是（　　）
A.分类法　　B.定额成本法
C.分批法　　D.标准成本法

## 二、多项选择题

1.产品成本计算的基本方法有（　　）。
A.定额法　　B.品种法
C.分批法　　D.分步法
2.单步骤生产是指（　　）进行生产作业组织。
A.生产工艺过程不能间断

B.由于工作地点的限制不便于分散在几个不同地点

C.生产工艺过程可以间断

D.工作地点可以分散在几个不同地点

3.关于多步骤生产说法正确的是(　　)。

A.工艺过程由若干个可以间断的生产步骤组成

B.只有一个生产工艺过程

C.工艺过程分散在不同地点

D.可以分为连续式生产和装配式生产

4.下列属于连续式多步骤企业的是(　　)。

A.冶金生产企业　　B.纺织生产企业

C.造纸生产企业　　D.面粉生产企业

5.品种法适用于(　　)

A.大批量生产,单步骤生产　　B.大批量生产,多步骤生产

C.小批量生产,单步骤生产　　D.小批量生产,多步骤生产

6.下列说法正确的是(　　)

A.分步法适用于大批量生产,多步骤生产

B.品种法适用于大批量生产,多步骤生产

C.分类法适用于小批量生产,多步骤生产

D.分步法适用于小批量生产,单步骤生产

## 三、判断题

1.成本计算方法,一经确定,不得随意变更。(　　)

2.企业可以自行确定成本计算方法,可以随意变更。(　　)

3.单步骤生产的特点是生产周期短,有自制半成品。(　　)

4.多步骤生产按加工方式不同,可以分为连续式生产和装配式生产。(　　)

5.单件生产的特点是产品品种多,产量少,重复生产,专业化程度高。(　　)

6.计算产品成本,首先必须确定成本计算对象。(　　)

7.成本计算的基本方法是直接与不同的生产类型的特点相联系,并以成本对象为标志或命名的方法。(　　)

8.成本计算方法中的品种法是成本计算方法中最基本的方法。(　　)

9.企业的成本计算方法一经确定,不得任意变更。(　　)

10.定额法是在实际费用发生时,将其划分为定额成本和定额差异两部分来归集。(　　)

11.按照生产组织的特点可分为单步骤生产和多步骤生产。(　　)

## 四、会计名词解释

【目标1-1】生产类型

【目标 1-2】生产工艺

【目标 1-3】单步骤生产

【目标 1-4】连续或多步骤生产

【目标 1-5】生产组织

【目标 1-6】成批生产

【目标 1-7】大量生产

【目标 1-8】小批生产

【目标 1-9】单件生产

【目标 3-1】产品成本计算方法

【目标 3-2】生产费用在完工产品与在产品之间的分配

【目标 3–2】品种法

【目标 3–3】分批法

【目标 3–4】分步法

【目标 4–1】分类法

【目标 4–2】定额法

## 五、简述题

【目标 1–1】企业生产类型是怎样划分的？

【目标 2–1】简述企业成本管理要求对成本计算方法的影响。

【目标 3–1】产品成本计算的基本方法有哪些？

【目标 4–1】产品成本计算的辅助方法有哪些？

【目标 4–2】简述产品成本计算方法在实际工作中的应用。

# 第7章 品种法

## 内容回顾

- 品种法概述
- 品种法的应用

## 学习目标

1.说明品种法的适用范围
2.认识品种法的特点
3.掌握品种法成本计算程序
4.掌握品种法的应用

## 学习要点

### 一、品种法的适用范围

1.单步骤大批量生产的产品。
2.不要求分步骤提供产品成本信息的多步骤大批量生产的产品。

### 二、品种法的特点

1.以产品成本为计算对象

2.成本计算按月定期进行

3.月末生产费用一般需要在完工产品和在产品之间进行分配

## 三、品种法成本计算程序

1.开设成本明细账

2.归集和分配各种要素费用

3.归集和分配辅助生产费用

4.归集和分配基本生产车间制造费用

5.计算各种产品的完工产品成本和在产品成本

6.结转产成品生产成本

# 自测题

【目标 1-1】(　　)属于单步骤大批量生产。

A.发电、采掘、供水　　B.供电、供气

C.磨粉、铸造　　D.糖果生产

【目标 1-2】(　　)属于不要求分步骤提供产品成本信息的多步骤大批量生产。

A.糖果厂　　B.小水泥厂

C.小陶瓷厂　　D.小砖瓦厂

【目标 2-1】品种法以(　　)作为成本计算对象,并据以设置产品成本明细账,按成本项目设专栏,归集生产费用和计算产品成本。

A.生产步骤　　B.生产环节

C.产品品种　　D.流转环节

【目标 2-2】在品种法下,成本计算(　　)进行。

A.按年定期　　B.按月定期

C.按年不定期　　D.按月不定期

【目标 3-1】品种法下,按产品品种设置(　　),并按成本项目或费用项目设置专栏。

A.产品成本明细账或成本计算单　　B.辅助生产成本明细账

C.制造费用明细账　　D.库存商品明细账

# 练习题

## 一、单项选择题

1.在品种法下,企业以(　　)作为成本计算对象,并据以设置产品成本明细账。

A.基本生产车间　　B.辅助生产车间

C.生产步骤　　D.产品品种

2.(　　)是产品成本计算方法中最基本的方法。

A.定额法　　B.品种法

C.分类法　　D.分批法

3.结转完工产品成本的会计分录正确的是(　　)。

A.借:生产成本
　贷:库存商品

B.借:生产成本
　贷:原材料

C.借:库存商品
　贷:生产成本

D.借:生产成本
　贷:制造费用

4.钢铁厂适宜采用的成本计算方法是(　　)。

A.品种法　　B.分步法

C.分批法　　D.分类法

5.品种法是产品成本计算的(　　)

A.主要方法　　B.最基本方法

C.一般方法　　D.重要方法

6.在品种法下,若只生产一种产品,则发生的费用(　　)

A.全部直接计入费用

B.全部间接计入费用

C.部分直接计入费用,部分间接计入费用

D.需要将生产费用在各种产品当中进行分配

## 二、多项选择题

1.品种法的特点是(　　)。

A.以产品品种为成本计算对象

B.以产品生产步骤为成本计算对象

C.成本计算按月定期进行

D.月末生产费用一般需要在完工产品和在产品之间进行分配

2.品种法的适用范围是(　　)。

A.单步骤大批量生产的产品

B.不要求分步骤提供产品成本信息的多步骤大批量生产的产品

C.承揽修理业务的企业

D.新产品的试制

3.品种法成本计算程序正确的是(　　)。

A.开设成本明细账　　B.归集和分配各种要素费用

C.计算各种完工产品成本和在产品成本　　D.结转产成品生产成本

4.下列企业适用品种法的有(　　)。

A.供电企业　　B.小陶瓷厂

C.糖果厂　　D.铸造企业

5.采用品种法计算产品成本,需根据各种费用分配表登记(　　)。

A.基本生产成本明细账　　B.辅助生产成本明细账

C.制造费用明细账　　D.产品成本明细账

## 三、判断题

1.月末生产费用必须在完工产品和在产品之间进行分配。(　　)

2.成本计算按月定期进行。(　　)

3.品种法是以产品品种为产品计算对象,归集生产费用,计算产品成本的一种方法。(　　)

4.根据“辅助生产成本明细账”上归集的生产费用,编制辅助生产费用分配表,采用适当的分配方法,分配辅助生产费用,据以登记有关明细账。(　　)

5.小砖瓦厂的生产属于要求分步骤提供产品成本信息的多步骤大批量生产的产品。(　　)

## 四、简述题

【目标 2-1】什么是品种法?

【目标 3-1】简述品种法的成本计算过程。

## 五、综合成本核算题

【目标 4】练习产品成本计算的品种法

一、资料:某企业设有一个基本生产车间,大量生产甲、乙两种产品,另设一个机修辅助生产车间。该企业根据生产特点和成本管理要求,采用品种法计算产品成本,设置直接材料、直接人工、制造费用三个成本项目。该企业 20××年 6 月有关产品产量及成本资料如表 7-1、

表 7–2、表 7–3、表 7–4、表 7–5、表 7–6 所示。

## 表 7–1　月初在产品成本

单位：元

| 产品品种 | 成本项目 | | | 合　计 |
|---|---|---|---|---|
| | 直接材料 | 直接人工 | 制造费用 | |
| 甲产品 | 60 000 | 6000 | 10 000 | 76 000 |
| 乙产品 | 65 000 | 4000 | 9000 | 78 000 |

## 表 7–2　产量资料

单位：件

| 项　目 | 甲产品 | 乙产品 |
|---|---|---|
| 期初在产品 | 80 | 100 |
| 本月投产 | 700 | 300 |
| 本月完工 | 760 | 390 |
| 月末在产品 | 20 | 10 |

注：甲、乙两种产品月末在产品完工程度均为 50%。

## 表 7–3　工时记录

单位：小时

| 受益部门或产品 | 基本生产车间工时 | 机修车间生产工时 |
|---|---|---|
| 甲产品 | 35 000 | |
| 乙产品 | 15 000 | |
| 小　计 | 50 000 | |
| 基本生产车间 | | 1600 |
| 企业行政管理部门 | | 400 |
| 合　计 | 50 000 | 2000 |

## 表 7-4 材料费用资料

单位：元

| 领料用途 | 直接领用 | 共同耗用 | 合　计 |
|---|---|---|---|
| 甲产品 | 250 000 | | |
| 乙产品 | 146 000 | | |
| 小　计 | 396 000 | 200 000 | 596 000 |
| 基本生产车间 | 28 000 | | 28 000 |
| 机修车间 | 1000 | | 1000 |
| 合　计 | 425 000 | 200 000 | 625 000 |

## 表 7-5 职工薪酬资料

单位：元

| 项　　目 | 金　　额 |
|---|---|
| 生产工人工资 | 156 000 |
| 基本生产车间 | 8000 |
| 机修车间 | 13 600 |
| 合　　计 | 177 600 |

## 表 7-6 折旧及其他费用资料

单位：元

| 车间名称 | 各项费用 | | | | 合　计 |
|---|---|---|---|---|---|
| | 折旧费 | 动力费 | 摊销大修理费 | 办公费 | |
| 基本生产车间 | 69 800 | 48 000 | 20 000 | 36 850 | 174 650 |
| 机修车间 | 6470 | 10 000 | 1240 | 4600 | 22 310 |
| 合　计 | 76 270 | 58 000 | 21 240 | 41 450 | 196 960 |

原材料是在生产开始时一次投入，甲、乙两种产品共同耗用的材料按直接材料比例分配，制造车间生产工人工资、制造费用均按生产工时比例分配；辅助生产费用按修理工时比

例分配；甲、乙产品按约当产量法计算完工产品成本和月末在产品成本。

(一)要求：

1.以甲、乙产品为成本计算对象，开设甲、乙两种产品基本生产成本明细账(表 7–16、表 7–17)；开设机修车间辅助生产成本明细账(表 7–11)；开设基本生产车间制造费用明细账(表 7–13)。辅助车间发生的制造费用，直接计入辅助生产成本明细账。

2.根据领用材料资料，见表 7–4，按用途编制材料费用分配表——表 7–7(费用分配率小数点后保留四位小数)。

## 表 7–7 材料费用分配表

20××年 6 月 30 日

| 应借账户 | | 成本或费用项目 | 间接计入费用 | | | 直接计入费用(元) | 合计(元) |
|---|---|---|---|---|---|---|---|
| 总账账户 | 明细账户 | | 分配标准(件) | 分配率(元/件) | 分配额(元) | | |
| 生产成本 | 基本生产成本——甲产品 | 直接材料 | | | | | |
| | 基本生产成本——乙产品 | 直接材料 | | | | | |
| 制造费用 | 基本生产车间 | 物料消耗 | | | | | |
| 生产成本 | 辅助生产成本 | 直接材料 | | | | | |
| 合计 | | | | | | | |

3.根据表 7–7 材料费用分配表编制记账凭证。

4.根据本月职工薪酬资料 7–5，与规定的职工福利费的提取比例(14%)，编制职工薪酬分配表(表 7–8)。

5.根据表 7–8 职工薪酬分配表编制记账凭证。

6.根据表 7–6 折旧及其他费用资料，编制固定资产折旧及其他费用分配表(表 7–9)，并编制记账凭证。

7.根据上述费用分配表及记账凭证登记基本生产成本明细账、辅助生产成本明细账、制造费用明细账。

8.月末，根据归集的辅助生产成本，采用直接分配法分配辅助生产费用，编制辅助生产费用分配表(表 7–10)。

## 表 7-8 职工薪酬分配表

20××年 6 月 30 日

| 应借账户 | | 成本或费用项目 | 间接计入费用 | | | 职工福利费（元） | 合计（元） |
|---|---|---|---|---|---|---|---|
| 总账账户 | 明细账户 | | 工时（小时） | 分配率（元/小时） | 分配额（元） | | |
| 生产成本 | 基本生产成本——甲产品 | 直接人工 | | | | | |
| | 基本生产成本——乙产品 | 直接人工 | | | | | |
| 生产成本 | 辅助生产成本 | 直接人工 | | | | | |
| 制造费用 | 基本生产车间 | 工资及福利费 | | | | | |
| 合　计 | | | | | | | |

## 表 7-9 折旧及其他费用分配表

单位：元

| 应借账户 | | 费用项目 | | | | 合计 |
|---|---|---|---|---|---|---|
| 总账账户 | 明细账户 | 折旧费 | 动力费 | 修理费 | 办公费 | |
| 制造费用 | 基本生产车间 | | | | | |
| 生产成本 | 辅助生产成本 | | | | | |
| 合　计 | | | | | | |

## 表 7-10 辅助生产费用分配表

（直接分配法）

20××年 6 月 30 日　　单位：元

<table>
<tr><th colspan="2">项　　目</th><th>修理车间</th><th>合计</th></tr>
<tr><td colspan="2">归集的辅助生产费用</td><td></td><td></td></tr>
<tr><td colspan="2">提供给辅助生产车间以外的劳务量</td><td></td><td></td></tr>
<tr><td colspan="2">辅助费用分配率</td><td></td><td></td></tr>
<tr><td rowspan="2">基本生产车间</td><td>接受劳务量</td><td></td><td></td></tr>
<tr><td>应负担费用</td><td></td><td></td></tr>
<tr><td rowspan="2">行政管理部门</td><td>接受劳务量</td><td></td><td></td></tr>
<tr><td>应负担费用</td><td></td><td></td></tr>
<tr><td colspan="2">合　计</td><td></td><td></td></tr>
</table>

注：分配率保留小数点后三位小数

9.根据表 7-11，编制辅助生产费用分配的记账凭证，登记相关明细账。

## 表 7-11 辅助生产成本明细账

产品名称：机修车间　　车间：辅助生产车间　　单位：元

<table>
<tr><th colspan="2">20 年</th><th rowspan="2">摘　要</th><th colspan="3">成 本 项 目</th><th rowspan="2">合　计</th></tr>
<tr><th>月</th><th>日</th><th>直接材料</th><th>直接人工</th><th>制造费用</th></tr>
<tr><td>6</td><td>×</td><td>分配材料费用</td><td></td><td></td><td></td><td></td></tr>
<tr><td></td><td>×</td><td>分配工资费用</td><td></td><td></td><td></td><td></td></tr>
<tr><td></td><td>×</td><td>分配职工福利费</td><td></td><td></td><td></td><td></td></tr>
<tr><td></td><td>×</td><td>分配折旧费</td><td></td><td></td><td></td><td></td></tr>
<tr><td></td><td></td><td>分配其他费用</td><td></td><td></td><td></td><td></td></tr>
<tr><td></td><td>30</td><td>本月生产费用合计</td><td></td><td></td><td></td><td></td></tr>
<tr><td></td><td>30</td><td>分配辅助生产费用</td><td></td><td></td><td></td><td></td></tr>
</table>

10.月末，根据归集的基本生产车间的制造费用，编制制造费用分配表(表 7–12)(分配率保留小数点后四位小数)。

## 表 7–12　制造费用分配表

20××年 6 月 30 日

| 分配对象 | 分配标准 | 分配率 | 分配金额(元) |
|---|---|---|---|
| 甲产品 | | | |
| 乙产品 | | | |
| 合计 | | | |

11.根据表 7–12，编制制造费用分配的记账凭证，登记相关明细账。

## 表 7–13　制造费用明细账

车间名称：基本生产车间　　20××年 6 月 30 日　　单位：元

| 20　年 | | 摘　要 | 费用项目 | | | | | | | 合　计 |
|---|---|---|---|---|---|---|---|---|---|---|
| 月 | 日 | | 机物料消耗 | 职工薪酬 | 折旧费 | 动力费 | 修理费 | 办公费 | 其他费用 | |
| 6 | × | 分配材料费用 | | | | | | | | |
| | × | 分配工资费用 | | | | | | | | |
| | × | 分配福利费 | | | | | | | | |
| | × | 分配折旧费 | | | | | | | | |
| | × | 动力费用 | | | | | | | | |
| | × | 摊销大修理费 | | | | | | | | |
| | × | 支付办公费用 | | | | | | | | |
| | × | 分配辅助费用 | | | | | | | | |
| | 30 | 本月生产费用合计 | | | | | | | | |
| | 30 | 分配制造费用 | | | | | | | | |

12.根据基本生产成本明细账记录，计算甲、乙完工产品的总成本与单位成本，编制产品成本计算单，见表 7–16、表 7–17(单位成本保留小数点后两位小数)。

## 表 7-14 产品成本计算单

产品名称:甲产品　　20××年 6 月 30 日　　完工产品产量:760 件
生产车间:基本生产车间　　月末在产品:20 件　单位:元

| 摘　要 | 成本项目 | | | 合　计 |
|---|---|---|---|---|
| | 直接材料 | 直接人工 | 制造费用 | |
| 月初在产品成本 | | | | |
| 本月生产费用 | | | | |
| 生产费用合计 | | | | |
| 完工产品总成本 | | | | |
| 月末在产品成本 | | | | |
| 单位成本 | | | | |

## 表 7-15 产品成本计算单

名称:乙产品　　20××年 6 月 30 日　　完工产品产量:390 件
生产车间:基本生产车间　　月末在产品:10 件　单位:元

| 摘　要 | 成本项目 | | | 合　计 |
|---|---|---|---|---|
| | 直接材料 | 直接人工 | 制造费用 | |
| 月初在产品成本 | | | | |
| 本月生产费用 | | | | |
| 生产费用合计 | | | | |
| 完工产品总成本 | | | | |
| 月末在产品成本 | | | | |
| 单位成本 | | | | |

13.根据表 7-16、7-17,结转完工产品成本,编制记账凭证,登记基本生产成本明细账。

## 表 7-16 基本生产成本明细账

产品名称:甲产品　　车间:基本生产车间　　单位:元

| 20 年 | | 摘 要 | 成本项目 | | | 合 计 |
|---|---|---|---|---|---|---|
| 月 | 日 | | 直接材料 | 直接人工 | 制造费用 | |
| 6 | 1 | 月初在产品成本 | | | | |
| | × | 分配材料费用 | | | | |
| | × | 分配工资费用 | | | | |
| | × | 分配职工福利费 | | | | |
| | × | 分配制造费用 | | | | |
| | 30 | 本月生产费用合计 | | | | |
| | 30 | 结转完工产品成本 | | | | |
| | 30 | 月末在产品成本 | | | | |

## 表 7-17 基本生产成本明细账

产品名称:乙产品　　车间:基本生产车间　　单位:元

| 20 年 | | 摘 要 | 成本项目 | | | 合 计 |
|---|---|---|---|---|---|---|
| 月 | 日 | | 直接材料 | 直接人工 | 制造费用 | |
| 6 | 1 | 月初在产品成本 | | | | |
| | × | 分配材料费用 | | | | |
| | × | 分配工资费用 | | | | |
| | × | 分配职工福利费 | | | | |
| | × | 分配制造费用 | | | | |
| | 30 | 本月生产费用合计 | | | | |
| | 30 | 结转完工产品成本 | | | | |
| | 30 | 月末在产品成本 | | | | |

# 记账凭证

年 月 日 记字第 号

| 摘 要 | 会计科目 | | 记账 | 借方金额 | 记账 | 贷方金额 |
|---|---|---|---|---|---|---|
| | 一级科目 | 二级或明细科目 | | | | |
| | | | | | | |
| | | | | | | |
| | | | | | | |
| | | | | | | |
| | | | | | | |
| | | | | | | |
| | | | | | | |
| 合 计 | | | | | | |

# 记账凭证

年 月 日 记字第 号

| 摘 要 | 会计科目 | | 记账 | 借方金额 | 记账 | 贷方金额 |
|---|---|---|---|---|---|---|
| | 一级科目 | 二级或明细科目 | | | | |
| | | | | | | |
| | | | | | | |
| | | | | | | |
| | | | | | | |
| | | | | | | |
| | | | | | | |
| | | | | | | |
| 合 计 | | | | | | |

# 记账凭证

年 月 日　　　　　　　　　　　　　　　　　记字第　　号

| 摘 要 | 会计科目 | | 记账 | 借方金额 | 记账 | 贷方金额 |
|---|---|---|---|---|---|---|
| | 一级科目 | 二级或明细科目 | | | | |
| | | | | | | |
| | | | | | | |
| | | | | | | |
| | | | | | | |
| | | | | | | |
| | | | | | | |
| | | | | | | |
| 合 计 | | | | | | |

# 记账凭证

年 月 日　　　　　　　　　　　　　　　　　记字第　　号

| 摘 要 | 会计科目 | | 记账 | 借方金额 | 记账 | 贷方金额 |
|---|---|---|---|---|---|---|
| | 一级科目 | 二级或明细科目 | | | | |
| | | | | | | |
| | | | | | | |
| | | | | | | |
| | | | | | | |
| | | | | | | |
| | | | | | | |
| | | | | | | |
| 合 计 | | | | | | |

# 记账凭证

年 月 日　　　　　　记字第 号

| 摘 要 | 会计科目 | | 记账 | 借方金额 | 记账 | 贷方金额 |
|---|---|---|---|---|---|---|
| | 一级科目 | 二级或明细科目 | | | | |
| | | | | | | |
| | | | | | | |
| | | | | | | |
| | | | | | | |
| | | | | | | |
| | | | | | | |
| | | | | | | |
| 合 计 | | | | | | |

# 记账凭证

年 月 日　　　　　　记字第 号

| 摘 要 | 会计科目 | | 记账 | 借方金额 | 记账 | 贷方金额 |
|---|---|---|---|---|---|---|
| | 一级科目 | 二级或明细科目 | | | | |
| | | | | | | |
| | | | | | | |
| | | | | | | |
| | | | | | | |
| | | | | | | |
| | | | | | | |
| | | | | | | |
| 合 计 | | | | | | |

# 记账凭证

年 月 日　　　　　　记字第　号

| 摘　要 | 会计科目 | | 记账 | 借方金额 | 记账 | 贷方金额 |
|---|---|---|---|---|---|---|
| | 一级科目 | 二级或明细科目 | | | | |
| | | | | | | |
| | | | | | | |
| | | | | | | |
| | | | | | | |
| | | | | | | |
| | | | | | | |
| | | | | | | |
| 合　计 | | | | | | |

# 记账凭证

年 月 日　　　　　　记字第　号

| 摘　要 | 会计科目 | | 记账 | 借方金额 | 记账 | 贷方金额 |
|---|---|---|---|---|---|---|
| | 一级科目 | 二级或明细科目 | | | | |
| | | | | | | |
| | | | | | | |
| | | | | | | |
| | | | | | | |
| | | | | | | |
| | | | | | | |
| | | | | | | |
| 合　计 | | | | | | |

# 记账凭证

年 月 日　　　　记字第　　号

| 摘 要 | 会计科目 | | 记账 | 借方金额 | 记账 | 贷方金额 |
|---|---|---|---|---|---|---|
| | 一级科目 | 二级或明细科目 | | | | |
| | | | | | | |
| | | | | | | |
| | | | | | | |
| | | | | | | |
| | | | | | | |
| | | | | | | |
| | | | | | | |
| 合 计 | | | | | | |

# 记账凭证

年 月 日　　　　记字第　号

| 摘 要 | 会计科目 | | 记账 | 借方金额 | 记账 | 贷方金额 |
|---|---|---|---|---|---|---|
| | 一级科目 | 二级或明细科目 | | | | |
| | | | | | | |
| | | | | | | |
| | | | | | | |
| | | | | | | |
| | | | | | | |
| | | | | | | |
| | | | | | | |
| 合 计 | | | | | | |

# 记账凭证

年 月 日　　　　　　　　　　　　　　记字第　号

| 摘 要 | 会计科目 | | 记账 | 借方金额 | 记账 | 贷方金额 |
|---|---|---|---|---|---|---|
| | 一级科目 | 二级或明细科目 | | | | |
| | | | | | | |
| | | | | | | |
| | | | | | | |
| | | | | | | |
| | | | | | | |
| | | | | | | |
| | | | | | | |
| 合 计 | | | | | | |

# 记账凭证

年 月 日　　　　　　　　　　　　　　记字第　号

| 摘 要 | 会计科目 | | 记账 | 借方金额 | 记账 | 贷方金额 |
|---|---|---|---|---|---|---|
| | 一级科目 | 二级或明细科目 | | | | |
| | | | | | | |
| | | | | | | |
| | | | | | | |
| | | | | | | |
| | | | | | | |
| | | | | | | |
| | | | | | | |
| 合 计 | | | | | | |

# 记账凭证

年 月 日　　　　记字第　　号

| 摘 要 | 会计科目 | | 记账 | 借方金额 | 记账 | 贷方金额 |
|---|---|---|---|---|---|---|
| | 一级科目 | 二级或明细科目 | | | | |
| | | | | | | |
| | | | | | | |
| | | | | | | |
| | | | | | | |
| | | | | | | |
| | | | | | | |
| | | | | | | |
| 合 计 | | | | | | |

# 记账凭证

年 月 日　　　　记字第　　号

| 摘 要 | 会计科目 | | 记账 | 借方金额 | 记账 | 贷方金额 |
|---|---|---|---|---|---|---|
| | 一级科目 | 二级或明细科目 | | | | |
| | | | | | | |
| | | | | | | |
| | | | | | | |
| | | | | | | |
| | | | | | | |
| | | | | | | |
| | | | | | | |
| 合 计 | | | | | | |

# 记账凭证

年 月 日　　　　　　　　　　　　记字第　　号

| 摘 要 | 会计科目 | | 记账 | 借方金额 | 记账 | 贷方金额 |
|---|---|---|---|---|---|---|
| | 一级科目 | 二级或明细科目 | | | | |
| | | | | | | |
| | | | | | | |
| | | | | | | |
| | | | | | | |
| | | | | | | |
| | | | | | | |
| | | | | | | |
| 合 计 | | | | | | |

# 第8章　分批法

## 内容回顾

- 分批法概述
- 分批法的具体应用
- 简化分批法

## 学习目标

1.说明分批法的适用范围
2.认识分批法的特点
3.掌握分批法的计算程序
4.掌握分批法的应用

## 学习要点

### 一、分批法适用于单件、小批生产的企业或车间，通常有以下四种情形：

1.根据购买者订单生产的企业，如船舶、大型锅炉、精密仪器生产企业；
2.产品经常变动的小型企业，如小五金厂；
3.承揽修理业务的企业；
4.新产品的试制。

## 二、分批法的特点

1.以产品批别或对象为成本计算对象;
2.成本计算不定期;
3.一般不需要在月末分配在产品成本。

## 三、分批法的成本计算程序

1.开设成本明细账;
2.归集生产费用;
3.计算完工产品成本。

# 自测题

【目标 1–1】(　　)适用于单件、小批生产的企业或车间。
A.品种法　　B.分步法
C.分批法　　D.定额法
【目标 2–1】分批法下,一般不需要在月末分配(　　)。
A.完工产品成本　　B.在产品成本
C.本期生产费用合计　　D.期初在产品成本
【目标 2–2】分批法下,以产品批别或对象为(　　)。
A.成本计算对象　　B.纳税依据
C.制造费用分配对象　　D.辅助生产费用分配对象
【目标 3–1】(　　)为分批法的成本计算程序。
A.登记期初余额　　B.开设成本明细账
C.归集生产费用　　D.计算完工产品成本

# 练习题

## 一、单项选择题

1.分批法适用于(　　)。
A.大量大批单步骤生产　　B.大量大批多步骤生产
C.小批单件生产　　D.大量大批复杂生产
2.采用分批法计算产品成本,月末(　　)在完工产品与在产品之间分配生产费用。
A.一般不需要　　B.一般需要
C.需要　　D.不需要
3.分批法按(　　)设置产品基本生产成本明细账、辅助生产成本明细账。

A.产品名称　　B.生产步骤

C.产品批别　　D.产品种类

4.简化分批法在核算产品生产成本时,必须设立基本生产成本(　　)。

A.一级账　　B.二级账

C.三级账　　D.总账

5.简化分批法也称(　　)的分批法。

A.品种法　　B.分步法

C.不分批计算在产品成本　　D.分类法

6.适合汽车修理企业采用的成本计算方法是(　　)。

A.品种法　　B.分批法

C.逐步结转分步法　　D.平行结转分步法

## 二、多项选择题

1.下列适用于分批法的企业是(　　)。

A.船舶企业　　B.小五金厂

C.承揽修理业务的企业　　D.新产品的试制

2.下列属于分批法的特点的是(　　)。

A.以产品品种为成本计算对象　　B.以产品批别或对象为成本计算对象

C.成本计算不定期　　D.一般不需要在月末分配生产费用

3.分批法下,按产品批别设置产品(　　)。

A.制造费用明细账　　B.管理费用明细账

C.基本生产成本明细账　　D.辅助生产成本明细账

4.下列说法正确的是(　　)。

A.品种法下,产品基本生产成本明细账、辅助生产成本明细账,账内按成本项目设置专栏

B.分批法下,产品基本生产成本明细账、辅助生产成本明细账,账内按成本项目设置专栏

C.分批法下,按车间设置制造费用明细账

D.品种法下,制造费用明细账按费用项目设专栏

5.分批法以产品的(　　)作为成本计算对象。

A.批别　　B.订单

C.产品名称　　D.生产车间

## 三、判断题

1.分批法适用于单件、小批生产的企业或车间。　　(　　)

2.分批法也称订单法。　　(　　)

3.在分批法下,月末如果某批产品全部完工,该批产品归集的全部生产费用就是该批产

品的在产品成本。（ ）

4.分批法下,月末产品绝对没有在产品。（ ）

5.简化分批法不是分批法。（ ）

## 四、简述题

【目标 2-1】简述分批法的概念及特点。

【目标 3-1】简述分批法成本计算程序。

【目标 4-1】简述简化分批法的概念及特点。

【目标 4-2】简述简化分批法的适用范围。

【目标 4-3】简述简化分批法的计算程序。

## 五、综合成本核算题

【目标 4-1】练习同批产品同月完工的分批法

一、资料:20××年 6 月,601 批号乙产品的成本资料在其成本明细账中列示,7 月份有关资料如下:

1.各批产品的生产情况见表 8-1

表8-1 各批产品的生产情况

| 产品批号 | 产品名称 | 开工时期 | 投产量(台) | 完工产量(台) | | 本月消耗工时(小时) |
|---|---|---|---|---|---|---|
| | | | | 6月 | 7月 | |
| 601 | 乙产品 | 6月 | 22 | | 22 | 2250 |
| 602 | 丙产品 | 7月 | 15 | | | 1500 |

2.7月份各批产品消耗原材料的情况:601批产品消耗原材料59 400元;602批产品消耗原材料14 250元。

3.7月份所归集的生产工人工资为6000元,制造费用明细账归集的制造费用为9000元。

二、要求:

1.生产工人工资按生产工时在各批产品之间进行分配,该厂直接人工成本分配见表8-2;制造费用按生产工时比例在各批产品之间进行分配,该厂制造费用分配表见表8-3。

表8-2 直接人工成本分配表

| 产品批别 | 产品名称 | 工时(小时) | 分配率 | 直接人工(元) |
|---|---|---|---|---|
| 601 | 乙产品 | | | |
| 602 | 丙产品 | | | |
| 合计 | | | | |

2.根据上述资料及直接人工、制造费用分配表登记各批产品成本明细账。各批产品成本明细账见表8-4、表8-5。

表8-3 制造费用分配表

| 产品批别 | 产品名称 | 工时(小时) | 分配率 | 制造费用(元) |
|---|---|---|---|---|
| 601 | 乙产品 | | | |
| 602 | 丙产品 | | | |
| 合计 | | | | |

## 表 8-4　基本生产成本明细账

批号:601　　　　　　　　　　　　　　　　　　开工日期:20××年 6 月
产品名称:乙产品　　　　　　批量:22 台　　　　完工日期:20××年 7 月　单位:元

| 日期 | 摘要 | 直接材料 | 直接人工 | 制造费用 | 合计 |
| --- | --- | --- | --- | --- | --- |
| 6 月 | 本月生产费用 | | | | |
| 7 月 | 本月生产费用 | | | | |
| | 完工产品总成本 | | | | |
| | 单位成本 | | | | |

## 表 8-5　基本生产成本明细账

批号:602　　　　　　　　　　　　　　　　　　开工日期:20××年 7 月
产品名称:丙产品　　　　　　批量:15 台　　　　完工日期:　　　单位:元

| 日期 | 摘要 | 直接材料 | 直接人工 | 制造费用 | 合计 |
| --- | --- | --- | --- | --- | --- |
| 7 月 | 本月生产费用 | | | | |

注:单位成本保留小数点后两位小数。

3.根据上述成本明细账做结转完工产品成本的会计分录。

【目标 4-2】练习同批产品跨月陆续完工的分批法

一、资料:某企业生产类型为单件小批,产品成本计算采用分批法。8 月接到一张订单,订购甲产品 20 件,生产批号为 806 号,8 月 20 号投产。9 月份完工 10 件,10 月份完工另外的 10 件。该企业在每批产品全部完工前,按计划成本结转跨月陆续完工的产品成本。

二、要求:

1.按产品批别设置基本生产成本明细账,见表 8-6。

## 表 8-6 基本生产成本明细账

批号:806　　　　　　　　　　　　　　　　　　　　　投产日期:8 月 20 日
产品名称:甲产品　　　　　　　　批量:20 件　　　　　完工日期:10 月 30 日　单位:元

| 年 | | 摘　要 | 直接材料 | 直接人工 | 制造费用 | 合计 |
|---|---|---|---|---|---|---|
| 月 | 日 | | | | | |
| 8 | 31 | 8 月份分配转入费用 | 16 380 | 3780 | 5040 | 25 200 |
| 9 | 30 | 9 月份分配转入费用 | 15 568 | 3595 | 4787 | 23 950 |
| | 30 | 9 月份累计发生额 | | | | |
| | 30 | 按计划成本转出 10 件成本 | | | | |
| | 30 | 月末余额 | | | | |
| 10 | 31 | 10 月份分配转入费用 | 9945 | 2295 | 3060 | 15 300 |
| | 31 | 10 月份累计发生额 | | | | |
| | 31 | 10 月份转出 10 件成本 | | | | |
| | 31 | 本批完工产品总成本 | | | | |
| | 31 | 本批完工产品单位成本 | | | | |

2.计算 9 月份该批产品完工 10 件的成本。甲产品计划单位成本为 2469 元,其中,直接材料 1599 元,直接人工 369 元,制造费用 501 元。

3.计算 10 月份该批产品完工 10 件的成本。

4.10 月份全部完工时,计算完工产品总成本和单位成本。

【目标 4–3】练习简化的分批法

一、资料:

某企业小批量生产多种铸铁产品,产品批数多,为简化成本计算工作,采用简化的分批法。该企业 5 月份各批产品的情况见表 8–7。

## 表 8-7 某企业生产情况表

| 批号 | 产品名称 | 投入产量 | 本月完工数量 | 月末在产品数量 |
|---|---|---|---|---|
| ZTJ501 | 甲产品 | 4 月投产 100 件 | 100 件 | |
| ZTJ502 | 乙产品 | 4 月投产 10 件 | 10 件 | |
| ZTJ503 | 丙产品 | 5 月投产 30 件 | | 30 件 |

各批产品均为一次投料方式。

各批产品期初余额和生产工时资料见表 8-8、表 8-9、表 8-10。

各批产品本月发生的原材料成本和生产工时资料见表 8-8、表 8-9、表 8-10、表 8-11。

## 表 8-8 基本生产成本二级账

| 年 | | 摘要 | 直接材料（元） | 生产工时（小时） | 直接人工（元） | 制造费用（元） | 合计（元） |
|---|---|---|---|---|---|---|---|
| 月 | 日 | | | | | | |
| 5 | 1 | 期初余额 | 30 000 | 6600 | 19 000 | 10 680 | 59 680 |
| | 31 | 本月发生额 | 15 000 | 6200 | 13 000 | 9800 | 37 800 |
| | 31 | 累计 | 45 000 | 12 800 | 32 000 | 20 480 | 97 480 |
| | 31 | 累计间接费用分配率 | | | | | |
| | 31 | 本月完工产品成本 | | | | | |
| | | 本月完工产品单位成本 | | | | | |

## 表 8–9 基本生产成本明细账

生产批号:ZTJ501　　投产日期:4 月
产品名称:甲产品　　完工日期:5 月
生产批量:100 件

| 年 | | 摘要 | 直接材料（元） | 生产工时（小时） | 直接人工（元） | 制造费用（元） | 合计（元） |
|---|---|---|---|---|---|---|---|
| 月 | 日 | | | | | | |
| 5 | 1 | 期初余额 | 25 000 | 5600 | | | |
| | 31 | 本月发生额 | 0 | 2400 | | | |
| | 31 | 累计 | 25 000 | 8000 | | | |
| | 31 | 累计间接费用分配率 | | | | | |
| | 31 | 本月产品成本 | | | | | |
| | | 产品单位成本 | | | | | |

## 表 8–10 基本生产成本明细账

生产批号:ZTJ502　　投产日期:4 月
产品名称:乙产品　　完工日期:5 月
生产批量:10 件

| 年 | | 摘要 | 直接材料（元） | 生产工时（小时） | 直接人工（元） | 制造费用（元） | 合计（元） |
|---|---|---|---|---|---|---|---|
| 月 | 日 | | | | | | |
| 5 | 1 | 期初余额 | 5000 | 1000 | | | |
| | 31 | 本月发生额 | | 800 | | | |
| | 31 | 累计 | 5000 | 1800 | | | |
| | 31 | 累计间接费用分配率 | | | | | |
| | 31 | 本月产品成本 | | | | | |
| | | 产品单位成本 | | | | | |

## 表 8-11 基本生产成本明细账

生产批号:ZTJ503　　　　投产日期:5 月
产品名称:丙产品　　　　完工日期:
生产批量:30 件

| 月 | 日 | 摘要 | 直接材料（元） | 生产工时（小时） | 直接人工（元） | 制造费用（元） | 合计（元） |
|---|---|---|---|---|---|---|---|
| 5 | 1 | 本月发生额 | 15 000 | 3000 | | | |
| | 31 | 累计 | | | | | |
| | 31 | 期末余额 | | | | | |

二、要求:

1.开设基本生产二级明细账,见表 8-8,开设 ZTJ501、ZTJ502、ZTJ503 各批产品基本生产成本明细账,见表 8-9、表 8-10、表 8-11。

2.月末计算累计间接计入费用分配率,计算各批完工产品应负担的间接费用。

累计间接计入费用分配率:

(1)累计直接人工费用分配率

(2)累计制造费用分配率

(3)计算甲、乙两批完工产品总成本和单位成本,并计入两批产品成本明细账。

# 第9章

## 内容回顾

- 分步法概述
- 逐步结转分步法
- 平行结转分步法

## 学习目标

1.说明分步法的适用范围
2.认识分步法的特点
3.说明分步法的分类
4.说明逐步结转分步法的适用范围
5.认识逐步结转分步法的特点
6.掌握逐步结转分步法的计算程序
7.说明平行结转分步法的适用范围
8.了解平行结转分步法的特点

# 学习要点

## 一、分步法的适用范围

## 二、分步法的特点

1.成本计算对象

2.成本计算期

3.费用在完工产品与在产品之间的分配

4.各步骤之间有成本结转问题,这是分步法的一个重要特点

## 三、分步法分为逐步结转和平行结转两种不同的方法

## 四、逐步结转分步法的适用范围

1.半成品可对外销售或半成品虽不对外销售但须进行成本比较、考核的企业。

2.半成品同时转作几种产成品原料的企业。

## 五、逐步结转分步法的特点

1.成本计算对象是最终完工产品和各步骤的半成品;

2.成本计算期与会计报告期一致,成本计算按月定期进行;

3.必须分步骤确定在产品成本,计算半成品成本和最终完工产品成本;

4.月末需采用一定的方法结转各步骤的半成品成本,半成品成本结转方法主要有综合结转和分项结转两种方法。

## 六、逐步结转分步法的计算程序

## 七、平行结转分步法适用于下列企业:

1.半成品无独立经济意义或虽有半成品但不要求单独计算半成品成本的企业。如:砖瓦厂、陶瓷厂等。

2.一般不计算零配件成本的装配式复杂生产企业,如:大批量生产的机械制造企业。

## 八、平行结转分步法的特点

1.成本计算对象是最终完工产品。

2.成本计算期是每月的会计报告期,这是由大批量生产的组织特点所决定的。

3.半成品实物流转与半成品成本的结转相分离。

# 自测题

【目标 1–1】采用分步法的企业,从原材料投入到产品完工,要经过若干连续的生产步骤,除最后一个步骤生产的是产成品外,其他步骤生产的都是完工程度不同的(　　)。

A.完工产品　　　　B.在产品

C.半成品　　　　D.库存商品

【目标 2–1】(　　)是分步法的一个重要特点。

A.各步骤之间有成本结转问题

B.各步骤之间没有成本结转问题

C.综合结转分步法

D.分项结转分步法

【目标 3–1】按照是否计算(　　),分步法分为逐步结转和平行结转两种不同的方法。

A.各步骤产成品成本　　　　B.期末在产品成本

C.期初在产品成本　　　　D.各步骤半成品成本

【目标 5–1】(　　)是逐步结转分步法的特点。

A.成本计算对象是最终完工产品和各步骤的半成品

B.成本计算期与会计报告期一致,成本计算按月定期进行

C.必须分步骤确定在产品成本,计算半成品成本和最终完工产品成本

D.月末需采用一定的方法结转各步骤的半成品成本

# 练习题

## 一、单项选择题

1.下列说法正确的是(　　)。

A.分步法以产品生产步骤为成本计算对象

B.分步法以产品品种为成本计算对象

C.分步法以产品批别为成本计算对象

D.分步法以产品生产步骤和产品品种为成本计算对象

2.分步法有逐步结转分步法和(　　)两种不同的方法。

A.品种法　　　　B.分步法

C.定额法　　　　D.平行结转分步法

3.第一车间生产甲半成品 60 000 元,半成品验收入库,应记入(　　)。

A."自制半成品"账户　　　　B."生产成本"账户

C."库存商品"账户　　　　D."原材料"账户

4.分项逐步结转法是指将上步骤半成品成本按各成本项目的实际金额分别计入下步骤

的相对应的(　　)中。

A.费用项目　　B.成本项目

C.计划成本项目　　D.定额成本项目

5.分步法下,各步骤之间(　　)。

A.没有成本结转问题　　B.有成本结转问题

C.看情况结转成本　　D.以上都不对

6.某种产品由三个生产步骤加工完成,采用逐步结转分步法计算成本。本月第一生产步骤转入第二生产步骤的生产费用为 2300 元,第二生产步骤转入第三生产步骤的生产费用为4100 元。本月第三生产步骤发生的费用为 2500 元(不包括上一生产步骤转入的费用),第三生产步骤月初在产品费用为 800 元,月末在产品费用为 600 元,该种产品的产成品成本为(　　)元。

A.10 900　　B.6800　　C.6400　　D.2700

7.下列方法中,属于不计算半成品成本的分步法的是(　　)。

A.平行结转分步法　　B.综合结转分步法

C.分项结转分步法　　D.逐步结转分步法

8.采用平行结转分步法时,完工产品与在产品之间的费用分配是(　　)。

A.各生产步骤完工半成品与月末加工中在产品之间费用的分配

B.各步骤产成品与各步骤在产品之间的费用分配

C.产成品与月末各步骤尚未加工完成的在产品和各步骤已完工但尚未最终完成的产品之间的费用分配

D.产成品与月末加工中在产品之间的费用分配

9.下列各种产品成本计算方法,适用于单件、小批生产的是(　　)。

A.品种法　　B.分批法

C.逐步结转分步法　　D.平行结转分步法

10.下列各种产品成本计算方法,适用于大量大批多步骤生产,且需要计算半成品成本的是(　　)。

A.品种法　　B.分批法

C.逐步结转分步法　　D.平行结转分步法

## 二、多项选择题

1.下列属于分步法的是(　　)。

A.逐步结转分步法　　B.平行结转分步法

C.简化分批法　　D.分类法

2.下列(　　)企业类型可以使用分步法。

A.冶金　　B.纺织　　C.酿酒　　D.发电

3.分步法的特点是(　　)。

A.成本计算对象是产品生产步骤的半成品和最终完工产品

B.按月定期计算各种产品的成本

C.生产费用需在完工产品与在产品之间进行分配

D.各步骤之间有成本结转问题

4.在逐步结转分步法下,半成品成本结转方法有(　　)。

A.综合结转分步法　　B.分项结转分步法

C.平行结转分步法　　D.定额成本法

5.采用综合结转分步法,将各生产步骤所耗用的半成品成本,综合记入各步骤产品成本明细账的(　　)中。

A."原材料"成本项目　　B."直接材料"成本项目

C."制造费用"项目　　D."半成品"成本项目

## 三、判断题

1.成本计算对象是各步骤的半成品。(　　)

2.在分步法下,逐步结转分步法通常是按产品生产步骤的顺序分步计算半成品成本,并依次结转下一生产步骤,最终计算完工产品成本。(　　)

3.半成品成本的结转只能按实际成本结转。(　　)

4.逐步结转分步法下,成本计算期是每月的会计报告期。(　　)

5.逐步结转分步法下,半成品成本结转方法主要是综合结转法。(　　)

6. 在采用分步法计算成本时,由于各个企业对于生产步骤成本管理要求不同,按照是否计算各步骤半成品成本为标准,分步法分为逐步结转和平行结转两种不同的方法。(　　)

7. 分项逐步结转分步法是指将上步骤半成品成本按各成本项目的实际金额分别计入下步骤的相对应的各成本项目。(　　)

8.平行结转法也称计算半成品成本法。(　　)

9. 还原后产品总成本是自制材料(半成品)成本项目还原费用和最后步骤完工产品成本中的其他成本项目费用的和。(　　)

10.逐步结转法适用于装配式多步骤大量大批生产企业。(　　)

## 四、会计名词解释

【目标 1-1】分步法

【目标 3-1】逐步结转分步法

【目标 3–2】平行结转分步法

【目标 3–3】综合结转分步法

【目标 3–4】分项结转分步法

## 五、简述题

【目标 2–1】简述分步法的特点。

【目标 4–1】简述逐步结转分步法的特点及适用范围。

【目标 3-1】简述综合结转法和分项结转法各自的优缺点。

【目标 8-1】简述平行结转分步法的特点。

【目标 8-2】简述逐步结转分步法与平行结转分步法的区别。

## 六、综合成本核算题

【目标 6-1】练习综合逐步结转分步法

一、资料:某企业是大量大批连续式多步骤生产企业。甲产品分两个生产步骤,分别由两个生产车间进行生产。第一车间生产甲半成品交半成品仓库验收;第二车间所耗甲半成品成本按加权平均单位成本计算,两个车间的月末在产品都按定额成本进行计价。成本计算采用综合逐步结转分步法。

有关资料如表 9-1。

表 9-1

单位:元

| 车间 | 项目 | 直接材料 | 直接人工 | 制造费用 | 合计 |
| --- | --- | --- | --- | --- | --- |
| 第一车间 | 期初在产品成本(定额成本) | 8560 | 2800 | 1580 | 12 940 |
| | 本月发生费用 | 27 372 | 6843 | 11 405 | 45 620 |
| | 月末在产品成本(定额成本) | 5000 | 600 | 900 | 6500 |
| 第二车间 | 期初在产品成本(定额成本) | 7150 | 1650 | 2200 | 11 000 |
| | 本月发生费用 | | 3840 | 4800 | |
| | 月末在产品成本(定额成本) | 5900 | 1200 | 1700 | 8800 |

半成品库期初结存 20 件,实际成本 10 200 元;第一车间完工半成品 90 件,第二车间本月领用半成品 100 件,完工产成品 100 件。

二、要求:

1.根据上述资料,在表 9-2 中计算第一车间完工半成品成本。

## 表 9–2 产品成本计算单

第一车间:甲半成品 年 月

产量:90 件 单位:元

| 项目 | 直接材料 | 直接人工 | 制造费用 | 合计 |
|---|---|---|---|---|
| 期初在产品成本 | | | | |
| 本月发生费用 | | | | |
| 合计 | | | | |
| 本月完工产品成本 | | | | |
| 月末在产品成本(定额成本) | | | | |

3.编制甲半成品完工入库的记账凭证,登记自制半成品明细账——表 9–3。

## 记账凭证

年 月 日 记字第 号

| 摘 要 | 会计科目 | | 记账 | 借方金额 | 记账 | 贷方金额 |
|---|---|---|---|---|---|---|
| | 一级科目 | 二级或明细科目 | | | | |
| | | | | | | |
| | | | | | | |
| | | | | | | |
| | | | | | | |
| | | | | | | |
| | | | | | | |
| | | | | | | |
| 合 计 | | | | | | |

## 表 9-3 自制半成品明细账

产品名称:甲半成品 年 月

计量单位:件 单位:元

| 摘要 | 收入 | | | 发出 | | | 结存 | | |
|---|---|---|---|---|---|---|---|---|---|
| | 数量 | 单价 | 金额 | 数量 | 单价 | 金额 | 数量 | 单价 | 金额 |
| 期初余额 | | | | | | | | | |
| 第一车间入库 | | | | | | | | | |
| 第二车间领用 | | | | | | | | | |
| | | | | | | | | | |

4.编制第二车间领用甲半成品的记账凭证,登记自制半成品明细账和第二车间成本计算单(表 9-4)。

## 记账凭证

年 月 日 记字第 号

| 摘 要 | 会计科目 | | 记账 | 借方金额 | 记账 | 贷方金额 |
|---|---|---|---|---|---|---|
| | 一级科目 | 二级或明细科目 | | | | |
| | | | | | | |
| | | | | | | |
| | | | | | | |
| | | | | | | |
| | | | | | | |
| | | | | | | |
| | | | | | | |
| 合 计 | | | | | | |

# 表 9-4 产品成本计算单

第二车间:甲产品　　　　年　月

产量:100 件　　　　单位:元

| 项　目 | 自制半成品 | 直接人工 | 制造费用 | 合计 |
| --- | --- | --- | --- | --- |
| 期初在产品成本 | | | | |
| 本月发生费用 | | | | |
| 合　计 | | | | |
| 本月完工产品成本 | | | | |
| 月末在产品成本(定额成本) | | | | |

5.结转完工甲产成品成本。

## 记账凭证

年 月 日　　　　记字第　号

| 摘 要 | 会计科目 | | 记账 | 借方金额 | 记账 | 贷方金额 |
| --- | --- | --- | --- | --- | --- | --- |
| | 一级科目 | 二级或明细科目 | | | | |
| | | | | | | |
| | | | | | | |
| | | | | | | |
| | | | | | | |
| | | | | | | |
| | | | | | | |
| | | | | | | |
| 合 计 | | | | | | |

【目标 8】练习平行结转分步法

一、资料:某制造公司生产的丁产品经过三个车间连续加工制成,第一车间生产 D 半成品,直接转入第二车间加工制成H半成品,H半成品直接转入第三车间加工成丁产成品。其中,1件丁产品耗用1件H半成品,1件H半成品耗用1件D半成品。原材料于第一车间生产开始时一次投入，第二车间和第三车间不再投入材料。各车间月末在产品完工率均为50%。各车间生产费用在完工产品和在产品之间的分配采用约当产量法。

(一)本月各车间产量资料见表9-5。

## 表9-5　各车间产量

单位:件

| 摘　要 | 第一车间 | 第二车间 | 第三车间 |
| --- | --- | --- | --- |
| 月初在产品数量 | 20 | 50 | 40 |
| 本月投产数量或上步转入 | 180 | 160 | 180 |
| 本月完工产品数量 | 160 | 180 | 200 |
| 月末在产品数量 | 40 | 30 | 20 |

(二)各车间月初及本月费用资料见表9-6。

## 表9-6　各车间月初及本月费用

单位:件

| 摘　要 | | 直接材料 | 直接人工 | 制造费用 | 合计 |
| --- | --- | --- | --- | --- | --- |
| 第一车间 | 月初在产品成本 | 1 000 | 60 | 100 | 1160 |
| | 本月的生产费用 | 18 400 | 2200 | 2400 | 23 000 |
| 第二车间 | 月初在产品成本 | | 200 | 120 | 320 |
| | 本月的生产费用 | | 3200 | 4800 | 8000 |
| 第三车间 | 月初在产品成本 | | 180 | 160 | 340 |
| | 本月的生产费用 | | 3450 | 2550 | 6000 |

下面采用平行结转法计算丁产品的生产成本,计算过程如下:

1.编制各生产步骤约当产量的计算表,见表9-7。

## 表 9-7　各生产步骤约当产量的计算表

单位:件

| 摘　要 | 直接材料 | 直接人工 | 制造费用 |
| --- | --- | --- | --- |
| 第一车间步骤的约当产量 | | | |
| 第二车间步骤的约当产量 | | | |
| 第三车间步骤的约当产量 | | | |

2.编制各生产步骤的成本计算单,见表 9-8、表 9-9、表 9-10。

## 表 9-8　产品成本计算单

车间:第一车间　　　　品名:丁产品(D 半成品)　　　　单位:元

| 摘　要 | 直接材料 | 直接人工 | 制造费用 | 合计 |
| --- | --- | --- | --- | --- |
| 月初在产品成本 | | | | |
| 本月发生费用 | | | | |
| 合计 | | | | |
| 第一步骤的约当产量 | | | | |
| 分配率 | | | | |
| 应计入产成品成本份额 | | | | |
| 月末在产品成本 | | | | |

## 表 9–9　产品成本计算单

车间:第二车间　　　　品名:丁产品(H 半成品)　　　　单位:元

| 摘　要 | 直接人工 | 制造费用 | 合计 |
| --- | --- | --- | --- |
| 月初在产品成本 | | | |
| 本月发生费用 | | | |
| 合　计 | | | |
| 第二步骤约当产量 | | | |
| 分配率 | | | |
| 应计入产成品成本份额 | | | |
| 月末在产品成本 | | | |

## 表 9–10　产品成本计算单

车间:第三车间　　　　品名:丁产品　　　　单位:元

| 摘　要 | 直接人工 | 制造费用 | 合计 |
| --- | --- | --- | --- |
| 月初在产品成本 | | | |
| 本月发生费用 | | | |
| 合　计 | | | |
| 第三步骤约当产量 | | | |
| 分配率 | | | |
| 应计入产成品成本份额 | | | |
| 月末在产品成本 | | | |

3.编制产品成本汇总表,表 9–11。

## 表9-11 产品成本汇总表

产品名称:丁产品

| 项目 | 数量 | 直接材料 | 直接人工 | 制造费用 | 总成本 | 单位成本 |
|---|---|---|---|---|---|---|
| 第一车间 | | | | | | |
| 第二车间 | | | | | | |
| 第三车间 | | | | | | |
| 合计 | | | | | | |

# 第10章 产品成本计算的辅助方法

## 内容回顾

- 产品成本计算的分类法
- 产品成本计算的定额法
- 联产品和副产品的成本计算

## 学习目标

1.了解分类法产品成本计算的程序和实际应用
2.了解定额法产品成本计算的程序和实际应用
3.了解联产品的特点

## 学习要点

### 一、分类法成本计算程序

1.按产品类别设置生产成本明细账,账内按成本项目设置专栏,以归集汇总各类产品的生产费用。

2.各类产品在生产过程中发生的各种生产费用,应根据费用与各类产品的关系,分别记入各类产品的生产成本明细账。

3.月末,将各类产品生产成本明细账归集的生产费用进行汇总,并采用适当的分配方法在本类完工产品和月末在产品之间进行分配，计算出完工产品成本。

4.选择适当的分配标准或系数，将各类完工产品成本，在类内各种产品之间进行分配，计算类内各种产品的总成本和单位成本。

### 二、定额法成本计算程序

1.以产品的各项现行消耗定额为依据来制定产品的定额成本。

2.根据实际产量核算产品的定额生产费用和实际生产费用之间的差异，即脱离定额的差异。

3.在完工产品定额成本的基础上，加减脱离定额差异和定额变动差异，计算出完工产品的实际成本。

### 三、联产品的特点

第一，联产品是在生产过程中利用同一种原材料一起生产出来的，其性质和用途都不一样。

第二，联产品在生产过程中所消耗的原材料和加工费是不能按照产品分别计算的。

第三，各种联产品都是主要产品，其生产工艺流程也不尽相同。

## 自测题

【目标 1-1】分类法不是一种独立的成本计算方法，它必须与(　　)基本成本计算方法结合使用。

A.品种法　　B.制造成本法

C.分批法　　D.分步法

【目标 1-2】分类法是按(　　)设置生产成本明细账。

A.产品类别　　B.产品品种

C.产品型号　　D.产品产地

【目标 2-1】定额法下，以产品的各项现行(　　)为依据来制定产品的定额成本。

A.定额消耗量　　B 消耗定额

C.价格　　D.生产工时

## 练习题

### 一、单项选择题

1.对联产品来说，由于其生产费用都是间接计入费用，各种产品的各项费用都必须通过间接分配的方法分配确定，因而必须采用(　　)计算各种产品的成本。

A.品种法　　B.分步法

C.分批法　　　　　　　　　　D.分类法

2.产品成本计算的分类法,主要是为了(　　)而采用的一种成本计算方法。

A.正确分配各种产品之间的间接费用

B.正确在完工产品与在产品之间分配间接计入费用

C.及时计算产品成本

D.简化成本计算工作

3.系数法是(　　)的一种,系数一经确定,应相对稳定,不应任意变更。

A.分批法　　　　　　　　　　B.分类法

C.分步法　　　　　　　　　　D.定额法

4.一个企业的各个车间,一个车间的各个产品,如果它们的生产特点和管理要求不相同,则对产品成本计算方法的要求是(　　)。

A.只能采用品种法　　　　　　B.只能采用基本方法

C.只能采用辅助方法　　　　　D.同时采用几种方法

5.定额法的缺点在于(　　)。

A.计算工作量大

B.不能直接提供按原始成本项目反映的产品成本

C.不利于加强成本控制

D.不利于解决完工产品和月末在产品之间分配费用的问题

## 二、多项选择题

1.同类产品内各种产品之间分配费用的标准有(　　)。

A.定额消耗量　　　　　　　　B.定额费用

C.售价　　　　　　　　　　　D.产品的体积

2.分类法的特点是(　　)

A.简化成本计算工作

B.能够在产品品种较多的情况下,分类掌握产品成本的水平

C.便于考核产品成本的构成和水平

D.便于同行业之间产品成本水平对比分析

E.便于从整个企业的角度分析和考核产品成本的构成和水平

3.采用系数法,一般在同类产品中选择(　　)的产品作为标准产品,把这种产品的分配标准额的系数确定为1。

A.产量较大,生产比较稳定　　B.产量最小

C.售价最高　　　　　　　　　D.规格适中

E.产量最大

4.在定额法下,产品的实际成本是(　　)的代数和。

A.按现行定额计算的产品定额成本　　B.脱离现行定额的差异

C.材料成本差异　　　　　　　　　　D.月初在产品定额变动差异

5.定额法的优点是(　　)

A.计算的工作量小

B.能够在各项耗费和费用发生的当时反映和监督脱离定额的差异,加强成本控制

C.便于进行产品成本的定期分析

D.有利于提高成本的定额管理和计划管理工作的水平

E.能够比较合理和简便地解决完工产品和月末在产品之间的费用分配问题

## 三、判断题

1.工业企业的副产品如果加工处理所需时间不长,费用不大,为了简化成本计算工作,可按计划单位成本计价,而不计算副产品的实际成本。(　　)

2.定额成本是一种目标成本,是企业进行成本控制和考核的依据。(　　)

3.在定额法下,退料单是一种差异凭证。(　　)

4.原材料定额费用是定额消耗量与计划单位成本的乘积。(　　)

5.定额变动差异反映的是生产费用的实际支出超过定额的程度。(　　)

6.只有大批量生产的企业才能采用定额法计算产品成本。(　　)

## 四、会计名词解释

【目标 1-1】分类法

【目标 2-1】定额法

【目标 2-2】脱离定额差异

【目标 2-3】定额变动差异

【目标 3-1】联产品

## 五、简述题

【目标 1-1】简述分类法的特点,它适用于哪些企业?

【目标 2-1】简述脱离定额差异与定额变动差异的区别。

【目标 2-2】简述分类法与定额法的区别。

【目标 3-1】什么是副产品?

【目标 3-2】简述副产品与联产品的联系与区别。

## 六、综合成本核算题

【目标 1】练习产品成本计算的分类法

一、资料:某制造企业大量生产 A、B 两类产品,因各类产品的规格较多,所以,成本计算采用分类法,每一类产品的月末在产品按所耗原材料定额成本计算,所以只计算直接材料项目。各类不同规格产品成本计算,按计划单位成本作为分配标准,A 类产品以 $A_2$ 作为标准产品,B 类产品以 $B_1$ 作为标准产品,它们的系数分别确定为 1。

该企业某月份有关成本资料见表 10-1、表 10-2。

## 表 10-1 产品成本明细账

| 产品类别 | 型号 | 产量(件) | 计划单位成本(元) |
|---|---|---|---|
| A类 | $A_1$ | 1500 | 15 |
| | $A_2$ | 1800 | 14 |
| | $A_3$ | 800 | 12 |
| | $A_4$ | 1000 | 16 |
| B类 | $B_1$ | 1600 | 15 |
| | $B_2$ | 1200 | 18 |
| | $B_3$ | 1100 | 16.60 |
| | $B_4$ | 1400 | 21 |

## 表 10-2 成本资料

单位:元

| 产品类别 | 月初在产品成本 | 本月发生费用 | | | 月末在成品成本(定额成本) |
|---|---|---|---|---|---|
| | (定额成本) | 直接材料 | 直接人工 | 制造费用 | |
| A类 | 1400 | 65 600 | 12 000 | 6 500 | 3 000 |
| B类 | 3850 | 94 000 | 13 500 | 7 500 | 8700 |
| 合计 | 5250 | 159 600 | 25500 | 14 000 | 11700 |

二、要求:

1.根据以上资料登记各类产品成本明细账(表 10-3、表 10-4)。

## 表 10-3　产品成本明细账

产品类别:A 类　　　　单位:元

| 成本项目 | 直接材料 | 直接人工 | 制造费用 | 合计 |
|---|---|---|---|---|
| 月初在产品成本 | | | | |
| 本月发生费用 | | | | |
| 合计 | | | | |
| 结转完工产品成本 | | | | |
| 月末在产品成本 | | | | |

## 表 10-4　产品成本明细账

产品类别:B 类　　　　单位:元

| 成本项目 | 直接材料 | 直接人工 | 制造费用 | 合计 |
|---|---|---|---|---|
| 月初在产品成本 | | | | |
| 本月发生费用 | | | | |
| 合计 | | | | |
| 结转完工产品 | | | | |
| 月末在产品成本 | | | | |

2.编制各类产品系数折算表(表 10-5)。

3.编制各型号完工产品成本计算表(表 10-6、表 10-7)。

## 表 10-5 各类产品系数折算表

| 产品类别 | 型号 | 产量(件) | 计划单位成本(元) | 单位系数 | 总系数 |
|---|---|---|---|---|---|
| A 类 | $A_1$ | | | | |
| | $A_2$ | | | | |
| | $A_3$ | | | | |
| | $A_4$ | | | | |
| B 类 | $B_1$ | | | | |
| | $B_2$ | | | | |
| | $B_3$ | | | | |
| | $B_4$ | | | | |

## 表 10-6 A 类各型号产品成本计算表

| 产品型号 | 总系数 | 分配率 | 产品总成本 | 产量(件) | 单位成本 |
|---|---|---|---|---|---|
| $A_1$ | | | | | |
| $A_2$ | | | | | |
| $A_3$ | | | | | |
| $A_4$ | | | | | |
| 合计 | | | | | |

## 表 10-7 B 类各型号产品成本计算表

| 产品型号 | 总系数 | 分配率 | 产品总成本 | 产量(件) | 单位成本 |
|---|---|---|---|---|---|
| $B_1$ | | | | | |
| $B_2$ | | | | | |
| $B_3$ | | | | | |
| $B_4$ | | | | | |
| 合计 | | | | | |

# 第11章　成本报表的编制与分析

## 内容回顾

- 成本报表的编制
- 成本分析

## 学习目标

1.了解成本报表的概念及特点
2.了解产品生产成本表的结构和编制方法
3.了解成本分析

## 学习要点

### 一、成本报表的概念

### 二、成本报表的特点

1.成本报表是服务于企业内部经营管理的报告文件。
2.成本报表的项目内容和报表格式不统一。
3.成本报表具有灵活和实用的特点。

### 三、产品生产成本表的结构和编制方法

产品生产成本表分为正表和补充资料两部分。按产品品种反映的生产成本表，是按可比产品和不可比产品的种类汇总，反映企业在报告期内生产的全部产品的单位成本和总成本的报表。

### 四、成本分析方法

常用的方法有比较分析法、趋势分析法和因素分析法。

## 自测题

【目标 1-1】成本报表的特点是(　　)。

A.成本报表是服务于企业内部经营管理的报告文件

B.成本报表的项目内容和报表格式不统一

C.成本报表具有灵活和实用的特点

D.成本报表按其编制的时间可分为年报和月报

【目标 2-1】产品生产成本表分为(　　)两部分。

A.正表　　B.补充资料

C.表头　　D.表尾

## 练习题

### 一、单项选择题

1.成本报表是服务于(　)的报表。

A.企业内部经营管理和有关管理当局监督管理

B.企业内部经营管理

C.有关管理当局监督管理

D.各有关投资人

2.企业在编制"产品生产成本表""营业费用明细表""管理费用明细表"时，应注意与(　　)中的对应项目数一致。

A.主要产品单位成本表　　B.资产负债表

C.利润表　　D.利润分配表

3.在进行成本报表分析时，当共同影响同一对象的因素之间是和差关系时，就应采用(　　)。

A.比较分析法　　B.因素分析法

C.连锁代替法　　D.差额分析法

4.产品产量、产品品种结构、产品单位成本是影响(　　)变动的主要因素。

A.产品生产、销售总成本　　B.产品销售总成本

C.全部产品生产成本　　D.主要产品生产成本

5.进行(　)变动分析时,应从单位产品工时和小时费用率两因素着手。

A.计时工资　　B.销售费用

C.管理费用　　D.制造费用

## 二、多项选择题

1.企业可以根据(　　)决定本企业成本报表的报送格式、编报项目、时间和报送对象。

A.生产经营过程的特点　　B.生产工艺技术过程的要求

C.企业经营管理的要求　　D.企业外部管理部门的要求

2.企业编制成本报表的主要依据是(　　)。

A.报告期的成本账簿,成本计划,费用预算资料

B.以前年度的成本账簿,成本计划,费用预算资料

C.以前年度的会计报表资料

D.统计核算资料

E.业务核算资料

3.产品生产成本反映的是(　　)的总成本和单位成本。

A.全部产品和主要产品　　B.自制材料

C.自制工具　　D.自制设备

E.工业性劳务

4.比较分析法是应用最为广泛的成本分析方法,在进行(　　)等分析中都应用了这一方法。

A.全部产品生产成本变动情况　　B.主要产品单位成本变动影响

C.主要产品直接材料变动　　D.主要产品单位成本项目变动

## 三、判断题

1.成本报表是综合、概括地反映企业在一定期间内资金耗费和成本构成及其升降变动情况的会计报表。　　(　　)

2.成本报表是服务于企业内部经营管理目的的报表,因此企业有权决定成本报表的报送对象。　　(　　)

3.产品生产成本表与主要产品单位成本表相比,前者反映企业全部产品的生产成本,后者反映主要产品的生产成本。　　(　　)

4.制造费用明细表的合计数应与产品生产成本表中各种产品的制造费用之和相等。　　(　　)

5.因素分析法是成本报表分析中最常用的基本方法,它是比较分析法的发展和补充。　　(　　)

## 四、会计名词解释

【目标 1–1】成本报表

【目标 2–1】不可比产品

【目标 2–2】可比产品

【目标 3–1】因素分析法

## 五、简述题

【目标 1–1】成本报表的作用是什么？

【目标 1–2】成本报表的编制要求是什么？

【目标 1–3】成本报表的特点是什么？

【目标 1–4】简述主要产品单位成本表的编制方法。

## 六、综合成本核算题

【目标 2】东方机械厂设有两个基本生产车间，一车间生产甲产品，二车间生产乙、丙两种产品。其中甲、乙产品为可比产品，丙产品为不可比产品。该厂 12 月份有关成本资料如表 11-1 所示。

### 表 11-1　产品生产成本资料

| 项 目 | 可比产品(甲) | 可比产品(乙) | 不可比产品(丙) |
|---|---|---|---|
| 单位生产成本(元) | | | |
| 上年实际平均 | 290.00 | 212.00 | 145.00 |
| 本月实际 | 277.50 | 209.00 | 148.00 |
| 本年累计实际平均 | 286.50 | 208.50 | 146.50 |
| 生产量(件) | | | |
| 本月实际 | 90.00 | 105.00 | 60.00 |
| 本年累计实际 | 765.00 | 960.00 | 630.00 |

要求：(1)根据上述资料编制东方机械厂 12 月份产品生产成本表(表 11-2)。

(2)将本年实际与本年计划进行比较，评价企业成本工作的业绩。

# 表 11-2 产品生产成本表

编制单位:东方机械厂　　　　20××年 12 月　　　　单位:元

| 产品名称 | 实际产量 | | 单位成本 | | | | 本月总成本 | | | 本年累计总成本 | | |
|---|---|---|---|---|---|---|---|---|---|---|---|---|
| | 本月 | 本年累计 | 上年实际 | 本年计划 | 本月实际 | 本年累计实际平均 | 按上年实际平均单位成本 | 按本年计划单位成本 | 本月实际 | 按上年实际平均单位成本 | 按本年计划单位成本 | 本年实际 |
| | 1 | 2 | 3 | 4 | 5=9÷1 | 6=12÷2 | 7=1×3 | 8=1×4 | 9 | 10=2×3 | 11=2×4 | 12 |
| 可比产品合计 | | | | | | | | | | | | |
| 其中:甲(件) | | | | | | | | | | | | |
| 乙(件) | | | | | | | | | | | | |
| 不可比产品合计 | | | | | | | | | | | | |
| 丙(件) | | | | | | | | | | | | |
| 全部产品 | | | | | | | | | | | | |

# 期末模拟考试试题(一)

## 一、单项选择题

1.下列费用项目中不属于成本项目的是(　)。

A.直接材料　　B.直接人工

C.销售费用　　D.制造费用

2.下列不能计入产品成本的费用是(　)。

A.车间设备的折旧费　　B.有助于产品形成的辅助材料

C.房产税　　D.燃料和动力

3.提供劳务的辅助生产车间“生产成本——辅助生产成本”账户月末(　)。

A.一般没有余额　　B.如果有余额,可能有借方或贷方余额

C.一定在借方　　D.如果有余额,一定在贷方

4. 某产品经过 3 道工序加工而成，各工序的工时定额分别为 10 小时、20 小时和 30 小时，各工序在产品在本工序的加工程度按工时定额的 50%计算。第三道工序的在产品完工率为(　)。

A.40%　　B.50%　　C.75%　　D.90%

5.产品成本计算最基本的方法是(　)。

A.品种法　　B.分批法　　C.分步法　　D.分类法

6.辅助生产费用的交互分配是指(　)。

A.辅助生产费用在各辅助生产车间之间的分配

B.辅助生产费用在各基本生产车间之间的分配

C.辅助生产费用在各生产车间之间的分配

D.辅助生产费用在各辅助生产车间与基本生产车间之间的分配

7.区别各种产品成本计算基本方法的标志是(　)。

A.成本管理要求　　B.成本计算期间

C.成本计算对象　　D.间接费用的分配方法

8.下列各种分步法中,半成品成本不随实物转移而结转的方法是(　)。

A.综合结转分步法　　B.分项结转分步法

C.平行结转分步法　　D.分类法

9.用于车间管理和一般耗用的主要材料和辅助材料应记入(　)。

A.生产成本账户　　B.制造费用账户　　C.管理费用账户

D.营业外支出账户　　E.企业为生产服务发生的各种费用账户

10.制造费用归集和分配以后,应计入本月产品成本的生产费用,都已归集到(　)总账账户的借方。

A.库存商品　　B.制造费用　　C.生产成本　　D.管理费用

## 二、多项选择题

1.下列项目中,不应计入产品成本的有(　)。

A.企业行政管理人员的工资　　B.直接用于产品生产的原材料

C.生产车间管理人员的工资　　D.专设销售机构人员的工资

2.工业企业最基本的产品成本项目一般包括(　)。

A.外购材料　　B.制造费用

C.直接材料　　D.直接人工

3.按照不同的分类标准,企业的生产类型可以进行不同的分类,按照生产组织特点可分为(　)。

A.大量生产　　B.大批生产

C.成批生产　　D.单件生产

4.多步骤生产按照产品加工方式的不同,可以分为(　)。

A.简单式多步骤生产　　B.连续式多步骤生产

C.复杂生产　　D.装配式多步骤生产

5.品种法的特点有(　)。

A.以产品品种为成本计算对象

B.按生产步骤设基本生产成本明细账计算产品成本

C.成本计算按月定期进行

D.期末如果有在产品,需在完工产品和在产品之间进行费用分配

6.产品成本计算的基本方法包括(　)。

A.品种法　　B.分批法

C.分步法　　D.分类法

7.企业成本计算的分步法可以分为(　)等几种方法。

A.逐步结转分步法　　B.分项结转分步法

C.综合结转分步法　　D.平行结转分步法

8.多种产品共耗材料费用的分配方法有(　)。

A.定额消耗量比例法　　　　B.定额成本比例法

C.生产工时比例法　　　　D.机器工时比例法

9.辅助生产费用按一定分配标准分配给各受益对象,可能借记(　)科目。

A.管理费用　　　　B.制造费用

C.生产成本　　　　D.营业外支出

10.企业按地点和用途归集和分配职工薪酬时,可能涉及(　)账户。

A.生产成本　　　　B.制造费用

C.管理费用　　　　D.销售费用

## 三、名词解释题

1.成本会计

2.约当产量

3.交互分配法

4.分步法

5.成本还原

## 四、简答题

1.成本会计的职能是什么?

2.生产费用在完工产品与在产品之间分配的方法有哪些？

3.产品成本计算的基本方法有哪些？其适用范围如何？

4.简述逐步结转分步法与平行结转分步法的区别。

5.简述定额比例法与定额成本法在进行费用分配时的区别。

## 五、计算题

1.某企业生产 A、B 两种产品领用主要材料 14 640 千克,单价 10 元,共计 146 400 元。本月投产的 A 产品为 170 件,B 产品为 270 件。A 产品的材料消耗定额为 20 千克,B 产品的材料消耗定额为 10 千克。采用定额消耗量比例法分配材料费用,并做会计分录。

2.某企业设有供电和修理两个辅助生产车间,20××年发生费用分别为:供电车间 46 400 元,修理车间 33 300 元。

其提供劳务量如下表:

| 受益产品、车间或部门 | 供电车间(度) | 修理车间(工时) |
| --- | --- | --- |
| 供电车间 | | 600 |
| 修理车间 | 10 000 | |
| 甲产品 | 80 000 | |
| 基本生产车间 | 8000 | 7000 |
| 行政管理部门 | 12 000 | 3000 |
| 合计 | 110 000 | 10 600 |

采用直接分配法分配辅助费用,编制会计分录。

3.某企业有一个基本生产车间生产 A、B、C 三种产品。生产工时共计 22 000 小时，其中 A 产品 7500 小时，B 产品 8500 小时，C 产品 6000 小时。本月发生制造费用总额 21 560 元。

要求：采用生产工时比例法分配制造费用。

## 制造费用分配表

| 项目 | 生产工时 | 分配率 | 分配金额 |
| --- | --- | --- | --- |
| A 产品 | | | |
| B 产品 | | | |
| C 产品 | | | |
| 合计 | | | |

4.20××年 6 月份，企业继续生产 A 产品，月初在产品 20 台，本月投产 200 台。月初在产品成本为 13 547.4 元。其中：直接材料 8280 元，直接人工 3402.3 元，制造费用 1865.1 元，本月发生生产费用 157 212.6 元。其中：直接材料 96 880 元，直接人工 38 397.7 元，制造费用 21 934.9 元，本月完工验收入库 A 产品 180 台，月末在产品 40 台，A 产品生产在生产开始时一次投入原材料，月末在产品的加工程度确定为 50%。

要求：采用约当产量法计算完工产品成本和月末在产品成本。

5.某企业甲产品单位工时定额 20 小时，经过三道工序制成。第一道工序工时定额为 4 小时，第二道工序工时定额为 8 小时，第三道工序工时定额为 8 小时，各道工序内各件在产品加工程度均按 50%计算。期末在产品 300 件，其中第一道工序 50 件，第二道工序 150 件，第三道工序 100 件。

要求:计算各工序在产品的完工程度及在产品约当产量。

## 六、综合题

某企业生产A产品分两个生产步骤,分别由两个车间进行,第一车间生产A半成品,半成品不通过半成品仓库收发,直接交第二车间,第二车间加工为A产品。两个车间的月末在产品都按约当产量法计价。原材料一次投入。成本计算方法采用综合结转分步法。根据以下条件,按要求计算相关内容并进行账务处理。

计算第一车间完工A半成品成本,编制半成品转第二车间的会计分录,登记生产成本明细账。

### 生产成本明细账

第一车间:A半成品　　　　完工:720件

月末在产品:160件　　　　完工程度:50%　单位:元

| 摘要 | 直接材料 | 直接人工 | 制造费用 | 合计 |
|---|---|---|---|---|
| 月初余额 | 410 | 100 | 140 | 650 |
| 本月发生费用 | 3990 | 1500 | 2260 | 7750 |
| 合计 | | | | |
| 完工产品成本 | | | | |
| 月末在产品成本 | | | | |

(2)第一车间A半成品直接交第二车间,编制会计分录,并登记生产成本明细账。

(3)计算第二车间产品成本,编制产品完工入库的会计分录,登记生产成本明细账。

## 生产成本明细账

第二车间:A 产品　　　　　　　　　　　　　　　　　　完工:680 件

月末在产品:80 件　　　　　　　　　　　　　　　　完工程度:50%　单位:元

| 摘要 | 直接材料(半成品) | 直接人工 | 制造费用 | 合计 |
|---|---|---|---|---|
| 月初在产品成本 | 476 | 70 | 90 | 636 |
| 本月发生费用 | | 2090 | 2790 | |
| 合计 | | | | |
| 本月产成品成本 | | | | |
| 月末在产品成本 | | | | |

# 期末模拟考试试题(二)

## 一、单选题

1.下列各项中,属于销售费用支出的是(　　)。

A.利息支出　　B.广告费支出

C.购买材料的运杂费　　D.偿还应付款

2.下列属于要素费用的是(　　)。

A.直接材料　　B. 外购材料

C.直接人工　　D. 制造费用

3.基本生产车间的制造费用应分配转入(　　)账户。

A.基本生产成本　　B.辅助生产成本

C.管理费用　　D.财务费用

4.生产过程中或入库后发现的各种产品的废品损失,不包括(　　)。

A.修复废品人员工资　　B.修复废品领用材料

C.不可修复废品的报废损失　　D.实行“三包”损失

5.停工损失中,应由过失人或过失单位和保险公司赔偿的款项应从“停工损失”账户的贷方转入(　　)账户的借方。

A.营业外支出　　B.制造费用

C.原材料　　D.其他应收款

6.辅助生产费用的直接分配法,是将辅助生产费用(　　)。

A.直接分配给辅助生产单位以外的各受益单位的方法

B.直接分配给其他辅助生产单位的方法

C.直接分配给所有受益单位的方法

D.直接分配给基本生产成本的方法

7.能够将劳动生产率和产品负担的费用水平联系起来,使分配结果比较合理的制造费用分配方法是(　　)。

A.生产工时比例分配法　　B.按年度计划分配法

C.生产工人工资比例分配法　　D.机器工时比例分配法

8.按完工产品和月末在产品数量比例,分配计算完工产品和月末在产品成本,必须具备下列条件(　　)。

A.在产品已接近完工　　B.原材料在生产开始时一次投料

C.在产品原材料费用比重较大　　D.各项消耗定额比较准确、稳定

9.成本还原的对象是(　　)。

A.产成品成本　　B.本步骤生产费用

C.上步骤转来的生产费用　　D.各步骤所耗上一步骤半成品的综合成本

10.采用简化的分批法,在产品完工之前,产品成本明细账(　　)。

A.只登记直接材料费　　B.只登记间接费用,不登记直接费用

C.登记间接费用和生产工时　　D.登记直接材料费用和生产工时

## 二、多选题

1.为了正确计算产品成本,应做好的基础工作包括(　　)。

A.定额的制定与修订　　B.建立健全原始记录

C.正确选择各种分配方法　　D.材料物资的计量验收工作

E.确定所应采用的成本计算方法

2.以下各账户归集的支出,最终可能应由产品成本负担的有(　　)。

A.辅助生产成本　　B.制造费用

C.销售费用　　D.基本生产成本

E.管理费用

3.计算不可修复废品的净损失应包括(　　)。

A.不可修复废品的生产成本　　B.废品的残值

C.废品的应收赔款　　D.废品修复的材料费

E.废品的修复费用

4.下列项目中,属于制造费用所属项目的有(　　)。

A.生产车间的保险费　　B.车间厂房折旧

C.在产品盘亏和毁损　　D.车间低值易耗品摊销

E.季节性停工损失

5.基本生产车间消耗的各种材料费用,按其用途进行分配,应记入的账户有(　　)。

A.“管理费用”　　B.“基本生产成本”

C. “辅助生产成本”　　D.“财务费用”

E.“制造费用”

6.通常采用的成本分析方法有(　　)。

A. 比较分析法　　B. 比率分析法

C. 因素分析法　　D. 趋势分析法

7.“废品损失”科目贷方反映的项目有(　　)。

A.修复废品的费用

B.各种应收的赔款

C.转出的应由本月生产的同种产品合格的成本应负担的废品净损失

D.降价出售不合格产品损失

E.转入的不可修复废品的价值

8.在(　　)情况下要求进行成本还原。

A.各步骤半成品成本按实际成本分项结转

B.各步骤半成品成本成本按计划成本分项结转

C.各步骤半成品成本按实际成本综合结转

D.各步骤半成品按计划成本综合结转

E.管理上要求从整个企业角度考核和分析产品成本的构成和水平

9.广义的在产品包括(　　)。

A.各生产步骤正在生产加工的在产品

B.本生产步骤已经完工,并已转入下一个生产步骤但尚未形成产成品的半成品

C.本生产步骤已经完工,并已转入半成品仓库但尚未形成产成品的半成品

D.各生产步骤已经完工,但并未结转入库的完工产品

E.半成品库存放的半成品

10.与逐步结转分步法相比,平行结转分步法的缺点是(　　)。

A.各步骤不能同时计算产品成本　　B.不需要进行成本还原

C.不能为实物管理和资金管理提供资料　　D.不能提供各步骤的半成品成本资料

E.不能计算和提供半成品成本

## 三、判断题

1.凡是在生产过程中发生的、与产品生产有关的所有直接或间接耗费,均应作为生产费用计入产品成本。(　　)

2.不设“燃料和动力”成本项目的企业,其生产消耗的燃料可记入“直接材料”成本项目。(　　)

3. 对计入产品成本的生产费用,应进一步划分为若干项目,即“成本项目”。(　　)

4. 采用平行结转分步法计算产品成本时,需要设置“自制半成品”账户,核算各生产步骤完工半成品成本。(　　)

5.采用分批法计算成本时,生产费用不需要在批内完工产品与月末在产品之间进行分配。(　　)

6.在平行结转分步法下,企业的在产品是指狭义的在产品。(　　)

7.采用逐步综合结转法,成本计算单中不能分成本项目反映所耗上步骤半成品的成本资料。(　　)

8.基本生产车间发生的各种费用均应直接记入“基本生产成本”账户。（ ）

9.不设“燃料和动力”成本项目的企业，其生产消耗的燃料可记入“财务费用”成本项目。（ ）

10.间接费用的分配应该选择适当的分配标准，分配标准的不同，会导致分配结果不同，会影响成本计算结果的准确性。（ ）

## 四、计算题

1.某企业有供电和机修两个辅助生产车间，一个是供电车间，给企业配送电力；一个是机修车间，为企业各部门提供维修服务，当月各车间发生费用和提供劳务情况如下表。

辅助生产费用和劳务情况

| 项 目 | | 供电车间 | 机修车间 |
|---|---|---|---|
| 待分配费用 | | 6104(元) | 4674(元) |
| 供应劳务总量 | | 10 000 千瓦时 | 950(工时) |
| 各部门消耗劳务量 | 供电车间 | | 110(工时) |
| | 机修车间 | 1500 千瓦时 | |
| | 基本生产车间生产产品消耗 | 8000 千瓦时 | |
| | 基本生产车间一般消耗 | 300 千瓦时 | 800(工时) |
| | 行政管理部门 | 200 千瓦时 | 40(工时) |

要求：采用一次交互分配法分配供电车间和机修车间的辅助生产费用，并编制相应会计分录。（“辅助生产”账户要写出明细账户，辅助生产车间不设“制造费用”账户，成本差异全部计入管理费用。）

## 辅助生产费用分配表

<table>
<tr><th colspan="3" rowspan="2">项　目</th><th colspan="2">供电车间</th><th colspan="2">机修车间</th><th rowspan="2">合 计</th></tr>
<tr><th>消耗数量(千瓦时)</th><th>分配金额</th><th>消耗数量(工时)</th><th>分配金额</th></tr>
<tr><td colspan="3">待分配的辅助生产费用</td><td></td><td></td><td></td><td></td><td></td></tr>
<tr><td colspan="3">辅助生产提供的劳务量</td><td></td><td></td><td></td><td></td><td></td></tr>
<tr><td rowspan="3">交互分配</td><td colspan="2">单位成本(交互分配率)</td><td></td><td></td><td></td><td></td><td></td></tr>
<tr><td colspan="2">供电车间</td><td></td><td></td><td></td><td></td><td></td></tr>
<tr><td colspan="2">机修车间</td><td></td><td></td><td></td><td></td><td></td></tr>
<tr><td colspan="3">对外分配的辅助生产费用</td><td></td><td></td><td></td><td></td><td></td></tr>
<tr><td colspan="3">对外分配的劳务量</td><td></td><td></td><td></td><td></td><td></td></tr>
<tr><td rowspan="4">对外分配</td><td colspan="2">单位成本(对外分配率)</td><td></td><td></td><td></td><td></td><td></td></tr>
<tr><td colspan="2">基本生产成本</td><td></td><td></td><td></td><td></td><td></td></tr>
<tr><td>制造费用</td><td>基本生产车间</td><td></td><td></td><td></td><td></td><td></td></tr>
<tr><td colspan="2">管 理 费 用</td><td></td><td></td><td></td><td></td><td></td></tr>
<tr><td colspan="3">合　计</td><td></td><td></td><td></td><td></td><td></td></tr>
</table>

2.某企业生产甲产品1000件,完工合格产品970件,可修复废品30件,不可修复废品10件,本月甲产品发生的生产费用为:直接材料48 000元,直接人工5200元,制造费用7280元。其中不可修复废品是在加工过程中发现的,回收残值180元,应向责任人索赔120元,可修复废品是在完工之后发现的,其修复费用为直接材料300元,直接人工100元,制造费用140元,本月生产工时记录为:完工产品5000小时,废品200小时。原材料在生产开始时一次投入。

要求:根据以上资料,编制废品损失计算表,并编制有关会计分录。

3.制造企业生产的B产品经过两道工序制成,产品的生产工时定额为14小时,其中:第一道工序工时定额为8小时,第二道工序工时定额为6小时。本月A产品完工2000件,月末车间有在产品1200件,各工序在产品数量为:第一道工序为800件,第二道工序为400件。

要求:计算各工序的在产品完工程度和在产品约当产量。

4.某企业生产D产品分两道生产工序,月初在产品成本为:直接材料28 000元,直接人工1 5200元,制造费用11 000元。本月生产费用为:直接材料48 000元,直接人工24 400元,制造费用22 300元,8月份完工产品240件,月末在产品200件,在产品的完工程度为60%,D产品所耗直接材料在第一道工序投入全部材料的70%,进入第二道工序时,再投入其余30%的直接材料。

要求:根据上述资料,采用约当产量比例法,计算D产品完工产品成本和月末在产品成本。并填制成本计算单。

根据以上计算结果填制产品成本计算单:

## 产品成本计算单

产品名称:D产品　　20××年　月　　单位:元

| 摘　要 | 直接材料 | 直接人工 | 制造费用 | 合计 |
|---|---|---|---|---|
| 月初在产品成本 | | | | |
| 本月生产费用 | | | | |
| 生产费用累计 | | | | |
| 分配标准(完工产量+在产品约当产量) | | | | |
| 费用分配率 | | | | |
| 完工产品成本 | | | | |
| 月末在产品成本 | | | | |

5.某企业采用分类法进行产品成本核算，A 类产品包括甲、乙、丙三个品种，其中甲产品为标准产品。类内费用分配的方法是原材料按用料系数为标准，其他费用按定额工时比例分配。其分配系数如下表所示：

## 分配系数表

| 品名 | 用料系数 | 单位产品工时定额 |
| --- | --- | --- |
| 甲 | 1 | 10 |
| 乙 | 0.6 | 12 |
| 丙 | 1.52 | 18 |

5 月份完工产品数量为 A 产品 2000 件，B 产品 4000 件，C 产品 5000 件。本月成本及费用如下表所示：

## 甲类产品成本明细账

单位：元

| 项目 | 直接材料 | 直接人工 | 制造费用 | 合计 |
| --- | --- | --- | --- | --- |
| 月初在产品成本(定额成本) | 9000 | 12 000 | 13 200 | 34 200 |
| 本月生产费用 | 106 200 | 108 000 | 136 800 | 351 000 |
| 生产费用累计 | 115 200 | 120 000 | 150 000 | 385 200 |
| 完工转出产成品成本 | 108 000 | 94 800 | 142 200 | 345 000 |
| 月末在产品成本(定额成本) | 7200 | 25 200 | 7800 | 40 200 |

要求：(1)计算 A 类产品各费用分配率。

(2)编制A类产品各种产品成本计算表。

单位:元

| | 直接材料 | 直接人工 | 制造费用 | 合计 |
|---|---|---|---|---|
| 甲产品 | | | | |
| 乙产品 | | | | |
| 丙产品 | | | | |

6.某企业本年成本计划和实际执行情况如下表:

要求:

(1)分析本年全部产品成本计划完成情况。

(2)分析可比产品成本降低计划完成情况。

| 产品名称 | 计量单位 | 产量 | | 单位成本 | | | 成本计划 | | 本年总成本 | | |
|---|---|---|---|---|---|---|---|---|---|---|---|
| | | 计划 | 实际 | 上年实际 | 本年计划 | 本年实际 | 按上年实际平均单位成本计算 | 按本年计划单位成本计算 | 按上年实际平均单位成本计算 | 按本年计划单位成本计算 | 实际成本 |
| 1.可比产品 | | | | | | | | | | | |
| 甲产品 | 件 | 500 | 600 | 120 | 110 | 100 | | | | | |
| 乙产品 | 件 | 300 | 200 | 200 | 190 | 180 | | | | | |
| 小计 | | | | | | | | | | | |
| 2.不可比产品 | | | | | | | | | | | |
| 丙产品 | 件 | 100 | 120 | | 300 | 280 | | | | | |
| 小计 | | | | | | | | | | | |
| 合计 | | | | | | | | | | | |

# 期末模拟考试试题(三)

## 一、单项选择题

1.根据有关资料,在若干个与生产经营成本有关的方案中,选择最优方案、确定目标成本是成本会计的(  )职能。

A.成本核算　　B.成本决策

C.成本预测　　D.成本控制

2.辅助生产费用在交互分配后的实际费用要在(  )分配。

A.辅助生产车间以外的各受益部门　　B.各受益单位之间

C.各辅助生产车间　　D.各基本生产车间之间

3.应计入产品成本而不能分清应由哪种产品负担的材料、人工等费用,应(  )。

A.不计入产品成本　　B.按一定的标准分配计入产品成本

C.直接计入产品成本　　D.直接冲减本期损益

4.不计算在产品成本的方法,适用于(  )。

A.能制定比较准确的消耗定额的情况

B.月末在产品数量变动不大的情况

C.原材料费用在产品成本中所占比重较大的情况

D.月末在产品数量很小的情况

5.在产品按定额成本计价法,每月生产费用脱离定额的节约差异或超支差异(  )。

A.当月在完工产品与在产品之间分配　　B.全部计入月末在产品成本

C.全部计入当月完工产品成本　　D.全部计入管理费用

6.某工业企业某种产品本月完工250件,月末在产品160件,在产品完工程度确定为40%;月初和本月发生的原材料费用共为56 520元,原材料随着加工程度陆续投入,则完工产品和月末在产品的原材料费用分别为(  )。

A.45 000元和11 250元　　B.45 000元和11 520元

C.34 298 元和 21 952 元　　　　D.40 000 元和 16 250 元

7.产品成本计算的品种法适用于(　)。

A.大量大批多步骤生产,管理要求提供半成品成本资料

B.小批单件单步骤生产

C.大量大批多步骤生产

D.大量大批单步骤生产

8.影响可比产品成本降低率的因素有(　)。

A.产品产量　　　　B.产品单位成本

C.产品的种类和规格　　　　D.产品数量

9.适用于季节性生产企业分配制造费用的方法是(　)。

A.生产工人工资比例分配法　　　　B.生产工人工时比例分配法

C.机器工时比例法　　　　D.按年度计划分配率分配法

10.采用简化的分批法,在产品完工之前,各批产品成本明细账(　)。

A.不登记任何费用

B.只登记材料费用

C.登记间接计入费用,不登记直接计入费用

D.登记直接计入费用,不登记间接计入费用

11.在按产品种类反映的产品生产成本表中,应反映上年成本资料的产品是(　)

A.主要产品　　　　B.非主要产品

C.可比产品　　　　D.不可比产品

12.成本还原的对象是(　)。

A.产成品成本

B.各步骤半成品成本

C.各步骤产成品中所耗上一步骤半成品成本

D.各步骤的产成品成本

13.如果某种产品所耗用原材料费用在产品成本中所占比重很大,在产品成本的确定可采用的方法是(　)。

A.约当产量法　　　　B.在产品按年初固定数法

C.在产品按所耗原材料费用计算法　　　　D.在产品按完工产品成本法

14.分批法适用于(　)。

A.大批大量多步骤生产　　　　B.大批大量单步骤生产

C.大批大量生产　　　　D.单件小批生产

15.某工业企业某种产品本月完工 250 件,月末在产品 160 件,在产品完工程度确定为 60%;月初和本月发生的原材料费用共为 41 520 元,原材料随着加工程度陆续投入,则完工产品和月末在产品的原材料费用分别为(　)。

A.40 000 元和 1250 元　　　　B.25 000 元和 16 520 元

C.30 000 元和 11 520 元　　　　D.35 000 元和 6250 元

16.生产过程中或入库后发现的各种废品损失,不包括(　　)。

A.修复废品的人工工资　　B.修复废品领用的材料

C.不可修复废品的报废损失　　D.管理不善所造成的产品变质损失

17.采用逐步结转分步法,其完工产品与在产品之间分配费用,是指在(　　)之间分配费用。

A.产成品与月末在产品

B.完工半成品与月末加工中的产品

C.产成品与广义在产品

D.前面步骤的完工半成品与加工中的在产品,最后步骤的产成品与加工中的在产品

18. 在成本的职能中,哪几个是属于事前应做的工作(　　)。

A.成本预测、成本决策、成本核算　　B.成本预测、成本决策、成本计划

C.成本控制、成本计算、成本考核　　D.成本计算、成本考核、成本分析

19.A、B、C 三种产品的定额成本分别为 35 元、47 元、49 元。现假设一产品 D 的定额成本为 100,设其系数为 1,则 A、B、C 三种产品的系数分别为(　　)。

A.0.35、0.47、0.49　　B.$\frac{35}{47}$、1、$\frac{47}{49}$

C.0.35、1、$\frac{35}{39}$　　D.1、$\frac{35}{47}$、$\frac{35}{39}$

20. 在计提非医疗机构医务人员福利费时应计入(　　)。

A. 应付福利费　　B. 生产成本

C. 管理费用　　D. 制造费用

## 二、多项选择题

1.下列应计入产品成本费用的是(　　)。

A.辅助生产车间管理人员工资　　B.厂部管理人员工资

C.专设销售机构人员工资　　D.车间机物料消耗

2.下列各项中,为了计算产品成本,必须正确划分的费用界限有(　　)。

A.生产成本与期间费用的界限　　B.营业费用与管理费用的界限

C.各个月份的费用界限　　D.各种产品的费用界限

E.完工产品与在产品的费用界限

3.下列不需要进行成本还原的分步法是(　　)。

A.逐步综合结转分步法　　B.逐步分项结转分步法

C.平行结转分步法　　D.按计划成本结转分步法

4.成本计划的内容包括(　　)。

A.主要产品单位成本计划　　B.全部商品产品成本计划

C.制造费用计划　　D.期间费用计划

5.生产成本报表主要包括(　　)。

A.商品产品成本表　　　　B.主要产品单位成本表
C.制造费用明细表　　　　D.利润表
E.管理费用明细表

6.企业基本生产所发生的各项费用,在记入“基本生产成本”账户的借方时,对应贷方账户可能有(　　)。

A.原材料　　B.辅助生产成本　　C.制造费用
D.管理费用　　E.财务费用

7.辅助生产车间分配转出的成本,可以借记(　　)。

A.低值易耗品　　B.原材料　　C.财务费用
D.营业费用　　E.管理费用

8.成本报表的分析方法主要有(　　)。

A.对比分析法　　B.比率分析法　　C.差额分析法
D.趋势分析法　　E.连环替代分析法

9.产品成本计算的基本方法主要有(　　)。

A.定额法　　B.品种法　　C.分类法
D.分批法　　E.分步法

10.“废品损失”账户借方的对应账户可能有(　　)。

A.原材料　　B.应付工资　　C.应付福利费
D.财务费用　　E.管理费用

## 三、判断题

1.采用约当产量法计算在产品成本时,如果原材料不是在开始时一次投入,而是随着加工进度陆续投入的,其投料程度与其加工进度完全一致,则计算材料费用的约当产量与计算加工费用的约当产量应是一致的。(　　)

2.采用各种成本计算方法计算产品成本,各月末都要在完工产品和月末在产品之间分配费用。(　　)

3.产量变动之所以影响产品单位成本,是由于在产品全部成本中包括了一部分变动成本费用。(　　)

4.在商品产品成本表中,可比产品降低额和降低率,是可比产品的实际成本与计划成本相比的降低额和降低率。(　　)

5.零售企业的库存商品和已销商品的成本都是按进价计算的。(　　)

6.运输企业成本核算的特点之一是成本计算对象的多样性。(　　)

7.施工企业建筑产品的收入和成本的计量大多按单件产品进行,施工企业往往按单独的工程项目进行成本计算。(　　)

8.对直接费用的处理,采用作业成本法与采用传统的成本计算方法是一样的。(　　)

9.传统的成本计算方法高估了生产量小而技术复杂程度高的产品成本。(　　)

10.产品水平作业的发生不仅与产品种类有关,而且与生产产品的数量相关。(　　)

## 四、名词解释

1. 成本

2.废品损失

3.约当产量法

4.分步法

5.工资

6.现代成本会计

7.品种法

8.生产损失

## 五、简答题

1.简述成本核算的原则和要求。

2.生产成本在完工产品与在产品之间的划分有哪几种划分方法?

3.简述成本会计的职能。

4.简述分批法的含义和特点。

## 六、计算题

1.资料:某厂生产 A、B、C 三种产品。本月三种产品共同消耗甲材料 33 600 千克,每千克 12.5 元,总金额 420 000 元,三种产品本月投产量分别为 4000 件、3200 件和 2400 件,甲材料消耗定额分别为 3 千克、2.5 千克和 5 千克

要求:利用下表采用定额消耗量比例法分配甲材料费用。

## 甲材料费用分配表

20××年 10 月

| 产品 | 产品投产量（件） | 单位定额（千克/件） | 定额消耗量（千克） | 分配率 | 实际消耗总量（千克） | 分配率 | 应分配材料费用（元） |
|---|---|---|---|---|---|---|---|
| A | 4000 | | | | | | |
| B | 3200 | | | | | | |
| C | 2400 | | | | | | |
| 合计 | 9600 | | | | | | |

2.资料：某制造公司生产的丁产品经过三个车间连续加工制成，第一车间生产 D 半成品，直接转入第二车间加工制成 H 半成品，H 半成品直接转入第三车间加工成丁产成品。其中，1 件丁产品耗用 1 件 H 半成品，1 件 H 半成品耗用 1 件 D 半成品。原材料于第一车间生产开始时一次投入，第二车间和第三车间不再投入材料。各车间月末在产品完工率均为 50%。各车间生产费用在完工产品和在产品之间的分配采用约当产量法。

(1)本月各车间产量资料见下表。

## 各车间产量资料表

单位:件

| 摘　要 | 第一车间 | 第二车间 | 第三车间 |
|---|---|---|---|
| 月初在产品数量 | 20 | 50 | 40 |
| 本月投产数量或上步转入 | 180 | 160 | 180 |
| 本月完工产品数量 | 160 | 180 | 200 |
| 月末在产品数量 | 40 | 30 | 20 |

(2)各车间月初及本月费用资料,见下表。

## 各车间月初及本月费用

单位:元

| 摘　要 | | 直接材料 | 直接人工 | 制造费用 | 合计 |
|---|---|---|---|---|---|
| 第一车间 | 月初在产品成本 | 1 000 | 60 | 100 | 1160 |
| | 本月的生产费用 | 18 400 | 2200 | 2400 | 23 000 |
| 第二车间 | 月初在产品成本 | | 200 | 120 | 320 |
| | 本月的生产费用 | | 3200 | 4800 | 8000 |
| 第三车间 | 月初在产品成本 | | 180 | 160 | 340 |
| | 本月的生产费用 | | 3450 | 2550 | 6000 |

要求:采用平行结转法计算丁产品的生产成本,并编制会计分录。

(1)编制各生产步骤的约当产量的计算表,见表1。

## 表1　各生产步骤约当产量的计算表

单位:元

| 摘　要 | 直接材料 | 直接人工 | 制造费用 |
|---|---|---|---|
| 第一步骤的约当产量 | | | |
| 第二步骤的约当产量 | | | |
| 第三步骤的约当产量 | | | |

(2)编制各生产步骤的成本计算单，见表2、表3、表4。

## 表2　产品成本计算单

车间：第一车间　　品名：丁产品(D半成品)　　单位：元

| 摘　要 | 直接材料 | 直接人工 | 制造费用 | 合计 |
| --- | --- | --- | --- | --- |
| 月初在产品成本 | | | | |
| 本月发生费用 | | | | |
| 合　　计 | | | | |
| 第一步骤的约当产量 | | | | |
| 分配率 | | | | |
| 应计入产成品成本份额 | | | | |
| 月末在产品成本 | | | | |

## 表3　产品成本计算单

车间：第二车间　　品名：丁产品(H半成品)　　单位：元

| 摘　要 | 直接材料 | 直接人工 | 制造费用 | 合计 |
| --- | --- | --- | --- | --- |
| 月初在产品成本 | | | | |
| 本月发生费用 | | | | |
| 合　　计 | | | | |
| 第二步骤的约当产量 | | | | |
| 分配率 | | | | |
| 应计入产成品成本份额 | | | | |
| 月末在产品成本 | | | | |

## 表4　产品成本计算单

车间：第三车间　　品名：丁产品　　单位：元

| 摘　要 | 直接材料 | 直接人工 | 制造费用 | 合计 |
| --- | --- | --- | --- | --- |
| 月初在产品成本 | | | | |
| 本月发生费用 | | | | |
| 合　　计 | | | | |
| 第三步骤的约当产量 | | | | |
| 分配率 | | | | |
| 应计入产成品成本份额 | | | | |
| 月末在产品成本 | | | | |

(3)编制产品成本汇总计算表,见表5。

## 表5 产品成本汇总计算表

产品名称:丁产品

| 项目 | 数量 | 直接材料 | 直接人工 | 制造费用 | 总成本 | 单位成本 |
|---|---|---|---|---|---|---|
| 第一车间 | | | | | | |
| 第二车间 | | | | | | |
| 第三车间 | | | | | | |
| 合计 | | | | | | |

(4)编制会计分录。

# 参考答案

## 第1章　成本会计概述

### 自测题

【目标1-1】B
【目标1-2】ABCD
【目标2-1】ABC
【目标2-2】D
【目标2-3】AB
【目标3-1】B
【目标4-1】A
【目标7-1】D

### 练习题

一、单项选择题

1.C；2.C；3.C；4.A；5.A；6.C；7.A；8.D；9.C

二、多项选择题

1.ABD；2.ABCD；3.ABC；4.AB；5.ABCD；6.ABCD；7.AD；8.ABCD；9.BD；10.ABD；11.ABCD；12.AC；13.ABC

三、判断题

1.对；2.错；3.错；4.错；5.错；6.对；7.对；8.对；9.错；10.对

四、会计名词解释

【目标1-1】成本

答：成本是商品经济的必然产物。一般而言，企业在生产经营过程中发生的各种资源耗费构成其成本。成本是指为生产一定数量和种类的产品所花费的各种耗费，这种耗费主要包括人力资源、物质资料的消耗。

【目标1–2】成本对象

答:成本对象是指需要对成本进行单独测定的一项活动,成本对象可以是一件产品、一项服务、一项设计、一个客户、一种商标、一项作业或者一个部门等。

【目标3–1】直接成本

答:直接成本是指与某一特定产品或劳务之间具有直接联系的成本。它是为某一特定产品或劳务所消耗,因而可以直接计入该产品或劳务成本。

【目标3–2】间接成本

答:间接成本是指与某一特定产品或劳务没有直接联系的成本。它是为几种产品或劳务所消耗,不能直接计入,需要按适当的标准分配计入各种产品或劳务成本。

【目标4–1】总成本

答:总成本是指某一特定成本计算对象经济资源的总耗费。

【目标4–2】单位成本

答:单位成本又称为平均成本,它是以总成本除以产品或劳务数量计算的。

【目标5–1】工业

答:工业是指采集原料,并把它们在工厂中生产成产品的工作和过程。

【目标5–2】商业

答:商业是以货币为媒介进行交换从而实现商品的流通的经济活动。商业有广义与狭义之分:广义的商业是指所有以盈利为目的的事业,而狭义的商业是指专门从事商品交换活动的营利性事业。

【目标6–1】成本会计

答:成本会计是会计学科的一个重要分支,它是以成本为对象的一种专业会计。成本会计是随着社会经济的发展而逐步形成和发展起来的。

【目标7–1】成本会计的职能

答:现代成本会计的职能主要有如下7个方面:成本预测、成本决策、成本计划、成本控制、成本核算、成本分析和成本考核。

五、简述题

【目标1–1】简述费用与成本的关系。

答:费用和成本存在着密切的关系,以至于在许多地方将两者混同使用,不加区分。严格地讲,这是两个不同的概念。费用的发生是成本形成的基础和前提条件,没有费用的发生,也就谈不上任何对象的成本,两者从本质上讲都是企业资源的一种耗费。两者的差别在于:费用是按照内容或用途对企业资源的耗费进行归类,是针对一定期间而言的;成本是按照一定对象对企业资源的耗费进行归集,是一种对象化的费用,这种对象可以是某种产品、某类产品、某一生产步骤、某一产品订单、某一作业、某一劳务等。

【目标2–1】成本有哪些分类?

答:成本的分类是指成本的各种表现形式,即成本的形态。

1.成本按其经济用途可以分为制造成本与非制造成本。

2.成本按其归属性可以分为直接成本与间接成本。

3.成本按其与产品产量的关系可以分为变动成本和固定成本。

4.成本还可以分为总成本与单位成本。

【目标2-2】成本按照经济用途分类是什么?

答:成本按照经济用途可以分为制造成本与非制造成本。

【目标2-3】什么是制造成本?什么是非制造成本?

答:制造成本是指产品在制造过程中所发生的各项产品成本。在我国现行会计制度中,其项目主要包括直接材料、直接人工和制造费用。

非制造成本是指企业在一定会计期间所发生的除产品制造成本以外的生产耗费,又称为期间费用,主要包括销售费用、管理费用、财务费用。

【目标2-4】期间费用主要包括哪些内容?

答:主要包括销售费用、管理费用、财务费用。

【目标3-1】简述直接成本与间接成本的区别。

答:1.直接成本是指与某一特定产品或劳务之间具有直接联系的成本;间接成本是指与某一特定产品或劳务没有直接联系的成本。

2.直接成本是为某一特定产品或劳务所消耗,因而可以直接计入该产品或劳务成本;间接成本是为几种产品或劳务所消耗,不能直接计入,需要按适当的标准分配计入各种产品或劳务成本。

【目标4-1】简述单位成本与总成本之间的关系。

答:1.单位成本是以总成本除以产品或劳务数量计算的。

2.计算分析总成本可以考核企业产品成本计划总的完成情况,单位成本的高低可以反映企业生产水平和管理水平的好坏。单位成本是企业确定产品单位售价的基础,总成本是企业进行生产决策时要参考的主要内容。

【目标4-2】成本在管理中的作用如何?

答:成本作为生产经营中的耗费,对企业的生存与发展、生产耗费的补偿、产品定价、生产经营决策都具有十分重要的作用。

1.成本是企业生产经营耗费的补偿尺度;

2.成本是制定产品价格的基础;

3.成本是企业生存和发展的根基;

4.成本是企业生产经营决策的重要依据。

【目标4-3】为什么说成本是企业生产经营耗费的补偿尺度?

答:首先,无论什么企业,在生产经营过程中必然要发生相应的耗费。为了保证再生产的顺利进行,企业必须在其收入中对生产经营中的耗费予以补偿。一般是以成本为尺度进行补偿。在收入一定的前提下,成本越高,补偿越多,纯收入越少;成本越低,补偿越少,纯收入越高。因此,成本和盈利是此消彼长的关系,企业只有加强对成本的控制,努力降低生产经营耗费,才可能以较低的耗费获得较高的经济效益。

其次,成本的补偿也是社会总产品的一种分配行为,属于社会分配范畴。国家也可以根据成本的经济内容,结合不同时期社会管理的需要,对成本开支范围和开支标准进行调整,影响企业生产耗费的补偿行为,达到调节社会产品分配的目的。

【目标7-1】成本会计的职能有哪些?

答:现代成本会计的职能主要有如下7个方面:成本预测、成本决策、成本计划、成本控制、成本核算、成本分析和成本考核。

# 第2章　成本核算的基本要求和一般程序

## 自测题

【目标1-1】A

【目标1-2】A

【目标3-1】AB

【目标3-2】ABCD

【目标4-1】A

【目标4-2】A

【目标5-1】A

【目标5-2】AB

【目标5-3】ABCD

【目标5-4】B

【目标6-1】ABCD

【目标6-2】D

## 练习题

一、单项选择题

1.B;2.B;3.B;4.D;5.B;6.B;7.D

二、多项选择题

1.ABCD;2.ABCD;3.C,D;4.ABCD;5.ACD;6.ABC;7.AB;8.CD

三、判断题

1.对;2.错;3.错;4.对;5.对;6.对;7.对;8.对;9.错;10.对;11.错;12.对;13.错;14.错;15.对

四、会计名词解释

【目标4-1】资本性支出

答:把支出的效益与多个会计年度相关,故应在多个会计年度所实现的收益中逐步得到补偿的支出称为资本性支出,如购置固定资产支出。

【目标4-2】收益性支出

答:把支出的效益仅与本会计年度相关,因而应在本会计年度实现的收入得到补偿的支出,称为收益性支出,如工资支出。

【目标4-3】期间费用

答：期间费用是由管理费用、销售费用、财务费用组成，是企业管理部门为组织、管理企业的生产经营活动以及为进行产品销售等而发生的费用。期间费用是发生在产品制造过程之外的费用，与企业产品生产过程没有直接联系，不应或不便直接计入产品生产成本，但其发生与企业当期的生产经营管理能力有关，应直接计入当期损益。

【目标6-1】"生产成本"账户

答："生产成本"账户属成本类账户，用来核算企业生产的各种产品(包括产成品、自制半成品、提供劳务等)、自制材料、自制工具、自制设备等所发生的各项生产费用。

【目标6-2】"制造费用"账户

答："制造费用"账户属成本类账户，用来核算企业的生产单位(车间或分厂)为组织和管理产品生产、提供劳务而发生的各项间接费用。

【目标6-3】成本计算对象

答：所谓成本计算对象，就是归集生产费用，积聚成本的对象，也就是生产费用的最终承担者。

五、简述题

【目标1-1】成本核算的基本要求有哪些？

答：1.坚持成本核算原则；

2.明确成本开支范围；

3.划清成本费用界限；

4.做好成本核算基础工作。

【目标1-2】成本核算的基本原则有哪些内容？

答：1.实际成本计价原则；

2.定期核算原则；

3.权责发生制原则；

4.一贯性原则。

【目标2-1】成本开支范围主要包括哪些内容？

答：成本开支范围是成本核算的重要依据。在成本核算过程中，要严格执行国家规定的成本开支范围，分清应计入产品成本和不应计入产品成本的费用界限。成本开支范围主要包括：

1.产品生产过程中实际消耗的各种原材料、辅助材料、外购半成品、燃料、动力、包装物等物料的实际成本；

2.生产过程中因使用固定资产发生的折旧费、修理费、租赁费等；

3.生产过程中因使用低值易耗品和无形资产所发生的摊销费；

4.生产过程中人员的工资和按规定比例提取的福利费等；

5.生产过程中所发生的制造费用等；

6.与产品生产有关并应计入产品成本的其他费用。

企业为购置和建造固定资产、购入无形资产和其他资产的支出，对外投资的支出，被没收的财物,各种罚款、赞助、捐赠支出以及国家规定不得列入生产成本的其他支出,不能作为成本开支范围。

【目标3-1】做好成本核算的基础工作是什么?

答:1.建立健全企业成本核算制度;

2.做好定额资料的制定和修订工作;

3.建立健全存货收发领退存的计量和记录工作;

4.正确确定财产物资的计价和价值结转方法。

【目标4-1】为了做好成本核算工作,正确计算产品成本,应当正确划分生产过程中各种费用的界限有哪些?

答:1.正确划分收益性支出与资本性支出的界限;

2.正确划分成本支出与期间费用的界限;

3.正确划分各个会计期间的费用界限;

4.正确划分各种产品的费用界限;

5.正确划分完工产品与本月末在产品的费用界限。

【目标5-1】成本核算需要设置哪些账户?

答:"制造费用"账户;"管理费用"账户;"财务费用"账户;"销售费用"账户;"废品损失"账户;"停工损失 "账户。

【目标5-2】生产成本的账户是怎样设置的?

答:为了分别核算基本生产成本和辅助生产成本,该账户下应设置"基本生产成本"和"辅助生产成本"两个二级明细账户,并分别按成本计算对象(产品品种、类别、批别或劳务名称)设置明细账,在明细账中按成本项目设专栏进行明细核算。

【目标6-1】简述产品成本核算的前期准备工作。

答:要想保证产品成本核算质量,提高核算工作效率,实现正确计算成本的目的,必须做好以下几项前期准备工作:

1.正确划分成本核算环节

所谓正确划分成本核算环节,就是首先应当在会计上将企业生产单位根据生产目的、职能划分为两种类型:一种是直接从事产品生产的基本生产单位;另一种是服务于产品生产的辅助生产单位。前者是产品成本核算的基本环节,后者则具有过渡性质,最终需要将辅助生产单位的费用分配给基本生产环节。

不同企业,成本核算环节的划分是有差别的,主要根据其生产目的进行划分。

2.确定成本计算对象,选择成本计算方法

企业应当根据自身的生产特点,结合成本管理要求,确定具体的成本计算对象。

所谓成本计算对象,就是归集生产费用,积聚成本的对象,也就是生产费用的最终承担者。在实务中,成本计算对象的确定是开设基本生产明细账的前提条件。

成本计算对象的确定,有赖于成本计算方法的选择。不同成本计算方法下,其成本计算对象是不同的。因此,企业必须根据生产类型及管理上对成本核算数据的要求选择成本计算方法。基本的成本计算方法有品种法、分批法、分步法,辅助成本计算方法有分类法、标准成本计算法等。

3.确定各种产品的成本项目

各种成本计算对象所消耗的生产费用很多，对它们必须按照一定的成本项目进行归集和计算,以便反映产品成本的基本构成情况。企业应当根据企业会计制度的规定,根据生产特点和管理上的要求考虑本企业产品的成本项目设置问题。

成本项目设置与会计核算工作量有着直接联系,不宜设置得太细、太多,应以满足成本管理为限。我们一般设置"直接材料"、"直接人工"、"制造费用"三个成本项目,但这并不等于说只能设置这三个项目,应根据产品成本构成,按照重要性原则设置。

【目标6-2】简述成本核算的一般程序。

答:1.对生产过程中发生的各项生产费用进行审核和控制,编制各种要素费用分配表,按制度规定的成本开支范围和标准,分清哪些费用可以计入产品成本,哪些费用不应计入产品成本。

2.分配辅助生产费用。由于辅助生产是为基本生产提供产品或服务的,为了计算基本生产车间各种产品的成本,必须先对辅助生产车间发生的费用进行分配。

3.分配制造费用。各基本生产车间的制造费用归集完毕之后,应分别按不同车间应负担的产品进行分配,计入产品成本中的"制造费用"成本项目。

4.在完工产品和在产品之间分配生产费用。通过上述生产费用的一系列归集和分配,本月发生应计入产品成本的各种生产费用均已计入各个基本生产明细账（又叫产品成本计算单)。在没有月末在产品或在产品较少的企业,基本生产明细账上所归集的生产费用就是完工产品的实际总成本。实际总成本除以产量,即为完工产品单位成本。但在大多数生产企业,月末一般都有一定数量的在产品，还需要将本月发生的生产费用和月初在产品成本之和在完工产品与月末在产品之间进行分配,计算出本月完工产品实际总成本和单位成本,并将完工入库产品成本从"生产成本"账户转入"库存商品"账户。

【目标6-3】生产费用在完工产品和在产品之间怎样进行分配?

答:通过生产费用的一系列归集和分配,本月发生应计入产品成本的各种生产费用均已计入各个基本生产明细账(又叫产品成本计算单)。在没有月末在产品或在产品较少的企业,基本生产明细账上所归集的生产费用就是完工产品的实际总成本。实际总成本除以产量,即为完工产品单位成本。但在大多数生产企业,月末一般都有一定数量的在产品,还需要将本月发生的生产费用和月初在产品成本之和在完工产品与月末在产品之间进行分配，计算出本月完工产品实际总成本和单位成本,并将完工入库产品成本从"生产成本"账户转入"库存商品"账户。

六、初步认识下列账户的格式

【目标6-1】

## 基本生产成本明细账

产品名称:BMWX1　　　　车间:××　　　　单位:元

| 年 | | 凭证号数 | 摘　要 | 成本项目 | | | 合　计 |
|---|---|---|---|---|---|---|---|
| 月 | 日 | | | 直接材料 | 直接人工 | 制造费用 | |
| | | | | | | | |
| | | | | | | | |
| | | | | | | | |

## 辅助生产成本明细账

车间:维修车间　　　　单位:元

| 年 | | 凭证号数 | 摘　要 | 成本项目 | | | 合　计 |
|---|---|---|---|---|---|---|---|
| 月 | 日 | | | 直接材料 | 直接人工 | 制造费用 | |
| | | | | | | | |
| | | | | | | | |
| | | | | | | | |

## 辅助生产成本明细账

车间:维修车间　　　　单位:元

| 年 | | 凭证号数 | 摘　要 | 成本项目 | | | | | | | 合计 |
|---|---|---|---|---|---|---|---|---|---|---|---|
| 月 | 日 | | | | | | | | | | |
| | | | | | | | | | | | |
| | | | | | | | | | | | |
| | | | | | | | | | | | |

## 制造费用明细账

车间名称:BMW X1 生产车间　　单位:元

| 年 | | 摘　要 | 费用项目 | | | | | | | 合计 |
|---|---|---|---|---|---|---|---|---|---|---|
| 月 | 日 | | | | | | | | | |
| | | | | | | | | | | |
| | | | | | | | | | | |
| | | | | | | | | | | |

## 制造费用明细账

车间名称:维修车间　　单位:元

| 年 | | 摘　要 | 费用项目 | | | | | | | 合计 |
|---|---|---|---|---|---|---|---|---|---|---|
| 月 | 日 | | | | | | | | | |
| | | | | | | | | | | |
| | | | | | | | | | | |
| | | | | | | | | | | |

【目标 6-2】

## 基本生产成本明细账

产品名称:　　单位:元

| 年 | | 摘　要 | 成本项目 | | | 合计 |
|---|---|---|---|---|---|---|
| 月 | 日 | | | | | |
| | | | | | | |
| | | | | | | |
| | | | | | | |

## 辅助生产成本明细账

车间名称：　　　　　　　　　　　　　　　　　　　　　　　　　　　单位：元

| 年 | | 摘　　要 | 成本项目 | | | 合计 |
|---|---|---|---|---|---|---|
| 月 | 日 | | | | | |
| | | | | | | |
| | | | | | | |
| | | | | | | |

## 辅助生产成本明细账

车间名称：　　　　　　　　　　　　　　　　　　　　　　　　　　　单位：元

| 年 | | 摘　　要 | 成本项目 | | | 合计 |
|---|---|---|---|---|---|---|
| 月 | 日 | | | | | |
| | | | | | | |
| | | | | | | |
| | | | | | | |

## 制造费用明细账

车间名称：基本生产车间一　　　　　　　　　　　　　　　　　　　　单位：元

| 年 | | 摘　　要 | 费用项目 | | | | | | | | 合计 |
|---|---|---|---|---|---|---|---|---|---|---|---|
| 月 | 日 | | | | | | | | | | |
| | | | | | | | | | | | |
| | | | | | | | | | | | |
| | | | | | | | | | | | |

## 制造费用明细账

车间名称:辅助生产车间二　　　　单位:元

| 年 | | 摘　要 | 费用项目 | | | | | | | | 合计 |
|---|---|---|---|---|---|---|---|---|---|---|---|
| 月 | 日 | | | | | | | | | | |
| | | | | | | | | | | | |
| | | | | | | | | | | | |
| | | | | | | | | | | | |

# 第3章　要素费用的归集与分配

### 自测题

【目标1-1】C
【目标1-2】A
【目标2-1】A
【目标2-2】ABCD
【目标3-1】C
【目标4-1】ABC
【目标5-1】AD
【目标6-1】ABC
【目标6-2】D
【目标7-1】A
【目标7-2】C
【目标7-3】BD

### 练习题

一、单项选择题

1.C;2.A;3.B;4.A;5.A;6.B;7.C;8.B

二、多项选择题

1.AC;2.ABC;3.ABCD;4.CD;5.ABC;6.AC;7.BD;8.BC;9. BCD

三、判断题

1.错;2.错;3.错;4.对;5.错;6.对;7.对;8.错;9.错;10.对;11.错;12.对;13.错;14.错;15.对;16.错

四、会计名词解释

【目标1–1】材料费用

答:材料费用是指产品生产过程中耗用的,构成产品实体或有助于产品形成的各种材料物资的货币表现。

【目标1–2】修理备用件

答:修理备用件是指修理本企业的机器设备和运输设备所专用的各种零件、备件和配件,如齿轮、轴承等。其他修理用的一般零件,可以并入辅助材料中。

【目标1–3】辅助材料

答:辅助材料是指直接用于产品生产或有助于产品形成,但不构成产品实体的各种材料,如防锈剂、润滑油、染料、油漆等。

【目标1–4】原材料

答:原材料是指直接用于产品生产,构成产品实体的各种原料和材料,如炼油用的原油、纺纱用的原棉等。

【目标1–5】燃料

答:燃料是指生产过程中用于燃烧、发热等用途的各种材料,包括固体燃料(如焦炭、煤)、液体燃料(如汽油、柴油)和气体燃料(如天然气、煤气)等。

【目标2–1】领料单

答:领料单是一种一次性使用的材料发出凭证,一般一式三联。

【目标2–2】退料单

答:退料单是一种记录企业生产车间退回月终结存材料的凭证。生产车间领用的材料,虽然是用于生产产品方面,但领用的数量并不等于实际消耗的数量。

【目标4–1】定额消耗量比例法

答:定额消耗量比例法是以材料定额消耗量为分配标准,分配材料费用的方法。

【目标4–2】材料定额消耗总量

答:材料定额消耗总量=$\sum$(某种产品实际产量×单位产品材料定额)

【目标4–3】材料费用分配率

答:材料费用分配率=$\dfrac{\text{多种产品共同消耗的材料费用}}{\text{材料定额消耗总量}}$

【目标4–4】定额成本比例法

答:定额成本比例法是以材料的定额成本作为分配标准,分配材料费用的方法。

【目标4–5】包装物

答:包装物是指包装本企业产品,并随同产品一起出租、出借、出售给其他单位的各种包装容器,如包装产品的桶、箱、瓶、坛、罐等。

【目标4–6】五五摊销法

答:五五摊销法,又称“五五法”,是我国企业采用最多的一种低值易耗品摊销方法。这种方法是将低值易耗品价值在领用和报废时各摊销一半。

【目标4–7】一次摊销法

答:按照一次摊销法进行低值易耗品的核算时,应将领用的低值易耗品的价值一次全部计入当期费用、成本。

【目标5-1】动力费用分配率

$$答:动力费用分配率=\frac{多种产品共同消耗的动力费用总额}{各种产品的机器工时(或马力工时)总数}\times 100\%$$

五、简述题

【目标1-1】材料费用包括哪些内容?

答:包括产品生产过程中消耗的原料及主要材料、辅助材料、外购半成品、燃料、周转材料(包装物、低值易耗品)等。

【目标4-1】定额消耗量比例法与定额成本比例法在进行费用分配时的区别是什么?

答:两种分配方法虽然采用的分配标准不同,但都是先确定应分配的材料费用和费用分配标准,然后计算费用分配率,最后计算各种产品应承担的材料费用。在实际工作中,企业根据具体情况,分配时还可以选择一些与材料费用消耗有关的因素作为分配标准,如产品的体积、重量、数量等。具体采用哪种分配标准,应以企业能准确反映产品消耗材料的实际情况为准。

【目标4-2】简述低值易耗品摊销的方法及其优缺点。

答:(1)一次摊销法。按照一次摊销法进行低值易耗品的核算时,应将领用的低值易耗品的价值一次全部计入当期费用、成本。一次摊销法账务处理简便,但若一次领用数量多、价值大的低值易耗品时,采用这种方法容易导致各月成本的波动,不利于低值易耗品的实物管理和成本分析。因此,这种方法适用于领用数量不多、单位价值低、使用期限较短或易破损的低值易耗品。

(2)五五摊销法,又称"五五法",是我国企业采用最多的一种低值易耗品摊销方法。这种方法是将低值易耗品价值在领用和报废时各摊销一半。为了分别反映在库低值易耗品、在用低值易耗品及低值易耗品摊余价值,应在"低值易耗品"总账下设置"在库低值易耗品"、"在用低值易耗品"、"低值易耗品摊销"三个二级科目。这种方法适用于领用数量多、单位价值高的低值易耗品。

【目标4-3】简述低值易耗品的实质和管理特点。

答:低值易耗品是指不能作为固定资产的各种用具物品,如工具、管理用具、玻璃器皿以及在经营过程中周转使用的包装容器等。

由于低值易耗品是一项特殊资产,具有固定资产和流动资产的双重特征。低值易耗品购置和库存在管理与核算上视同材料,但在领用后其价值摊销方式又类似于固定资产。因此在管理和核算上兼具固定资产和流动资产的特点,一般将其分为在库低值易耗品和在用低值易耗品。

企业应根据低值易耗品的特性和用途,确定其价值摊销的方式。对于可按其价值一次记入有关账户的低值易耗品,应采用一次摊销法进行核算;对于不能按其价值一次记入有关账户的低值易耗品,应采用五五摊销法进行核算。

【目标4-4】简述低值易耗品与包装物的区别。

答:包装物是指包装本企业产品,并随同产品一起出租、出借、出售的各种包装容器,如包装产品的桶、箱、瓶、坛、罐等。

低值易耗品是指单位价值较低或容易损耗，不能列作固定资产的各种物品，如各种工具、管理用具、玻璃器皿以及在生产过程中周转使用的包装容器等。

【目标5-1】企业发生的外购动力费用应当如何计入费用、成本?

答:企业发生的外购动力费用应按照地点、用途,分别由不同的对象来承担。费用的归集应遵循以下原则:凡属于制造产品消耗的,应直接记入“生产成本——基本生产成本”账户;凡属于辅助生产车间为进行产品或劳务生产而消耗的,记入“生产成本——辅助生产成本”明细账户。对于车间、管理部门以及其他部门为组织和管理生产领用的,分别记入“制造费用”和“管理费用”等账户。

【目标6-1】职工薪酬的构成主要包括哪些内容?

答：职工薪酬是指企业为获得职工提供的服务而给予的各种形式的报酬以及其他的相关支出,具体包括:工资;职工福利费;医疗保险费、养老保险费、失业保险费、工伤保险费和生育保险费等社会保险费;住房公积金;工会经费和职工教育经费;非货币性福利;因解除与职工的劳动关系给予的补偿;其他与获得职工提供的服务相关的支出。

【目标6-2】职工福利费是怎样进行分配的?

答:企业发生的职工福利费,同工资一样按照职工所在的职能部门,分配计入产品成本和期间费用等。凡生产工人的,应分配记入“生产成本——基本生产成本——××产品”账户;凡基本生产车间管理人员的,应分配记入“制造费用”账户;凡辅助生产车间生产工人的,应分配记入“生产成本——辅助生产成本——××车间”账户;凡辅助生产车间管理人员的,应分配记入“制造费用”账户;凡行政管理人员的,应记入“管理费用”账户。

六、计算题

【目标4-1】练习多种产品共同消耗材料费用分配的核算

一、资料:某企业生产甲、乙、丙三种产品。某月份三种产品的投入量分别为:500件、500件和500件,三种产品的消耗定额分别为:2千克、4千克、7千克,三种产品本月共消耗原材料52 000元。

二、要求:按定额消耗量比例法计算三种产品应负担的材料费用。

$$分配率=\frac{52\ 000}{500\times2+500\times4+500\times7}=8$$

甲产品应负担的材料费用=500×2×8=8000(元)

乙产品应负担的材料费用=500×4×8=16 000(元)

丙产品应负担的材料费用=500×7×8=28 000(元)

【目标4-2】练习多种产品共同消耗材料费用分配的核算

一、资料:某企业生产A、B两种产品,分别核定A、B产品单位定额成本为180元、150元。本月A、B产品共同消耗某种原材料的实际成本为822 000元，本月A产品产量为1200件,B产品产量为1300件。

二、要求:采用定额成本比例法计算两种产品应负担的材料费用。

$$分配率=\frac{822\ 000}{180\times1200+150\times1300}=\frac{822\ 000}{411\ 000}=2$$

A产品应负担的材料费用=180×1200×2=432 000(元)

B产品应负担的材料费用=150×1300×2=390 000(元)

七、综合成本核算题

【目标4-1】练习多种产品共同消耗材料费用分配的核算

一、资料:某企业一车间生产A、B两种产品,20××年1月共同消耗甲材料7200千克,每千克实际成本10元。本月A、B产品的产量分别为400件、700件，单位产品消耗定额分别为8千克、4千克。

二、要求:根据以上资料,采用定额消耗量比例法分配甲材料费用,并编制相应的会计分录。

$$分配率=\frac{7200\times10}{400\times8+700\times4}=\frac{7200\times10}{6000}=12$$

A产品应负担的材料费用=400×8×12=38 400(元)

B产品应负担的材料费用=700×4×12=33 600(元)

借:生产成本——基本生产成本——A产品 38 400

——B产品 33 600

贷:原材料——甲材料 72 000

【目标4-2】练习多种产品共同消耗材料费用分配的核算

一、资料:某企业生产甲、乙两种产品,20××年3月共同消耗A材料1200千克,每千克实际成本4元。甲产品的实际产量为140件,单位产品消耗定额为4千克,乙产品的实际产量为80件,单位产品消耗定额为5千克。

二、要求:

(1)采用定额消耗量比例法计算分配A材料费用并将结果填入下表中。

材料费用分配表

| 项目 / 产品 | 产品产量(件) | 单位消耗定额(千克/件) | 定额消耗量(千克) | 分配率 | 分配额(元) |
|---|---|---|---|---|---|
| 甲产品 | 140 | 4 | 560 | 5 | 2800 |
| 乙产品 | 80 | 5 | 400 | 5 | 2000 |
| 合 计 | | | 960 | | 4800 |

(2)根据材料费用分配表编制会计分录

借:生产成本——基本生产成本——甲产品 2800

——乙产品 2000

贷:原材料——A材料　4800

【目标4-3】练习多种产品共同消耗材料费用分配的核算

一、资料:20××年12月某企业一车间本月投产甲产品200件、乙产品300件,二车间本月投产丙产品150件。根据“领料单”统计如下:甲产品直接消耗材料15 000元,乙产品直接消耗材料28 000元,丙产品直接消耗材料60 000元。甲、乙、丙产品共同消耗材料160 000元。一车间一般消耗材料2000元，技术部消耗材料5600元。该企业材料费用按照定额消耗量比例法分配。

二、要求:根据以上资料编制“材料费用分配表”和相应的会计分录。

## 材料费用分配表

20××年 12 月

| 科目 | | | | 原材料 | | | | | | |
|---|---|---|---|---|---|---|---|---|---|---|
| 应借账户＼应贷账户 | | | | 产量（件） | 单位消耗定额（千克） | 定额消耗量(千克/件) | 分配率 | 应分配材料费用（元） | 直接材料费用（元） | 合计（元） |
| 基本生产成本 | 一车间 | 甲 | 直接材料 | 200 | 25 | 5000 | 5 | 25 000 | 15 000 | 40 000 |
| | | 乙 | 直接材料 | 300 | 50 | 15 000 | 5 | 75 000 | 28 000 | 103 000 |
| | 二车间 | 丙 | 直接材料 | 150 | 80 | 12 000 | 5 | 60 000 | 60 000 | 120 000 |
| 小计 | | | | | | 32 000 | 5 | 160 000 | 103 000 | 263 000 |
| 制造费用——一车间 | | | 物料消耗 | | | | | | 2000 | 2000 |
| 管理费用 | | | 其他 | | | | | | 5600 | 5600 |
| 合计 | | | | | | | | 160 000 | 110 600 | 270 600 |

借:生产成本——基本生产成本——甲产品　40 000

——乙产品　103 000

——丙产品　120 000

制造费用——一车间　2000

管理费用　5600

贷:原材料　270 600

【目标5-1】练习外购动力费用分配的核算

一、资料:某企业生产A、B两种产品，20××年1月发生电费7658元,通过银行支付,月末查明各车间、部门耗电度数为:基本生产车间耗电5000度,其中生产产品耗电4400度,车间照明用电600度;辅助生产车间耗电2000度;企业管理部门耗电658度。

二、要求:

(1)分配电力费用,A、B产品按生产工时分配电费。A产品生产工时为3000小时,B产品生产工时为2000小时。

①电费的单位成本=$\frac{7658}{5000+2000+658}$=1(元/度)

生产产品应负担的电费=4400×1=4400(元)

车间照明应负担的电费=600×1=600(元)

辅助生产车间应负担的电费=2000×1=2000(元)

管理部门应负担的电费=658×1=658(元)

②分配率=$\frac{4400}{3000+2000}$=0.88

A产品应负担的电费=3000×0.88=2640(元)

B产品应负担的电费=2000×0.88=1760(元)

(2)编制该月支付与分配外购电费的会计分录。

借:生产成本——基本生产成本——A产品 2640

——B产品 1760

——辅助生产成本 2000

制造费用——基本生产车间 600

管理费用 658

贷:应付账款 7658

借:应付账款 7658

贷:银行存款 7658

【目标7-1】练习应付职工薪酬分配的核算

一、资料:某企业采用计时工资制,20××年3月发生工资成本128 000元,其中第一车间生产A、B产品的工人的工资为64 000元,第一车间管理人员的工资为4500元,供汽车间人员的工资为7000元,机修车间人员的工资为10 000元,销售人员的工资为16 000元,管理人员的工资为26 500元。本月A、B产品的实际生产工时分别为8800小时和7200小时。

要求:

(1)计算第一车间A、B产品应分配的生产工人工资。

分配率=$\frac{64\ 000}{8800+7200}$=4

A产品应负担的工资费用=8800×4=35 200(元)

B产品应负担的工资费用=7200×4=28 800(元)

(2)编制“工资费用分配表”和相应的工资费用分配的会计分录。

## 工资费用分配表

20××年3月

| 应借账户 | | | 成本项目或费用项目 | 实际工时(小时) | 分配率 | 分配金额(元) |
|---|---|---|---|---|---|---|
| 生产成本 | 基本生产成本 | A产品 | 直接人工 | 8800 | 4 | 35 200 |
| | | B产品 | 直接人工 | 7200 | 4 | 28 800 |
| | | 小计 | | 16 000 | 4 | 64 000 |
| 生产成本 | 辅助生产成本 | 供汽车间 | 直接人工 | | | 7000 |
| | | 机修车间 | 直接人工 | | | 10 000 |
| | | 小计 | | | | 17 000 |
| 制造费用 | | 第一车间 | 工 资 | | | 4500 |
| 销售费用 | | | 工资 | | | 16 000 |
| 管理费用 | | | 工资 | | | 26 500 |
| 合 计 | | | | | | 128 000 |

借:生产成本——基本生产成本——A产品 35 200
——B产品 28 800
——辅助生产成本——供汽车间 7000
——机修车间 10 000
制造费用——第一车间 4500
销售费用 16 000
管理费用 26 500
贷:应付职工薪酬 ——工资 128 000

(3)根据上述资料企业按14%计提当月的职工福利费,要求编制“职工福利费分配表”和相应的会计分录。

职工福利费分配表

20××年 3 月

| 应借账户 | | | 成本项目或费用项目 | 工资总额(元) | 职工福利费(元) |
|---|---|---|---|---|---|
| 总账账户 | 二级账户 | 明细账户 | | | |
| 生产成本 | 基本生产成本 | A 产品 | 直接人工 | 35 200 | 4928 |
| | | B 产品 | 直接人工 | 28 800 | 4032 |
| | | 小计 | | 64 000 | 8960 |
| 生产成本 | 辅助生产成本 | 供汽车间 | 直接人工 | 7000 | 980 |
| | | 机修车间 | 直接人工 | 10 000 | 1400 |
| | | 小计 | | 17 000 | 2380 |
| 制造费用 | | 第一车间 | 工资 | 4500 | 630 |
| 销售费用 | | | 工资 | 16 000 | 2240 |
| 管理费用 | | | 工资 | 26 500 | 3710 |
| 合　　计 | | | | 128 000 | 17 920 |

借:生产成本——基本生产成本——A产品　4928
　　　　　　　　　　　　——B产品　4032
　　　　——辅助生产成本——供汽车间　980
　　　　　　　　　　　　——机修车间　1400
　制造费用——第一车间　630
　销售费用　2240
　管理费用　3710
　贷:应付职工薪酬 ——福利费　17 920

# 第四章　综合费用的归集与分配

**自测题**

【目标1-1】AC
【目标2-1】A

【目标3-1】D

【目标3-2】CD

【目标3-3】A

【目标6-1】A

【目标6-2】ABCD

【目标7-1】B

【目标7-2】ABCD

【目标8-1】ABCD

## 练习题

一、单项选择题

1.C;2.C;3.C;4.A;5.A;6.D;7.C;8.B

二、多项选择题

1.AB;2.ABC;3.CD;4.BCD;5.BCD;6.AD;7.AC;8.AC;9.ABC;10.ABC

三、判断题

1.对;2.错;3.错;4.对;5.对;6.错;7.错;8.错;9.错;10.对;11.错

四、会计名词解释

【目标1-1】辅助生产

答:制造企业的辅助生产,是指为基本生产服务的产品生产和劳务供应。

【目标3-1】直接分配法

答:直接分配法就是将辅助生产车间发生的费用(成本)分配给除辅助生产车间之外的各个受益对象,而不考虑辅助生产车间相互分配费用的方法。

【目标3-2】交互分配法

答: 交互分配法是根据各辅助生产车间相互提供劳务的数量和交互分配前的费用分配率(单位成本)在辅助生产车间之间先进行一次交互分配,然后将各辅助生产车间交互分配后的实际费用(即交互分配前的费用加上交互分配转入的费用,减去交互分配转出的费用)按照提供劳务的数量,在辅助生产车间以外的各受益单位之间进行分配。

【目标6-1】制造费用

答:制造费用是指制造企业各个生产单位(包括车间和分厂)为组织和管理生产而发生的各项费用,包括:折旧费、修理费、租赁费、保险费、水电费、取暖费、差旅费和办公费等。

【目标7-1】机器工时比例分配法

答:机器工时比例分配法是按照生产各种产品消耗的机器工时比例分配制造费用的一种方法。

五、简述题

【目标3-1】辅助生产费用的分配方法是什么?

答:将辅助生产费用分配出去的方法有直接分配法、交互分配法、代数分配法、按计划成本分配法等。

【目标3-2】简述直接分配法的程序。

答:先计算辅助生产车间的单位成本,然后计算辅助生产车间以外的各个受益部门应承担的辅助生产费用。

【目标3-3】简述交互分配法的程序。

答:先根据各辅助生产车间相互提供劳务的数量和交互分配前的费用分配率(单位成本)在辅助生产车间之间进行一次交互分配,然后将各辅助生产车间交互分配后的实际费用(即交互分配前的费用加上交互分配转入的费用,减去交互分配转出的费用)按照提供劳务的数量,在辅助生产车间以外的各受益单位之间进行分配。

【目标3-4】简述辅助生产费用分配的特点。

答:辅助生产提供的产品和劳务,主要是为基本生产车间和行政管理部门使用和服务的。同时,在某些辅助生产车间之间,也有相互提供产品和劳务的情况,如机修车间为供电车间提供修理服务,供电车间为机修车间提供动力服务。这样,为了计算修理成本,需要确定供电成本;为了计算供电成本,又需要确定修理成本。因此,为了正确计算辅助生产产品和劳务的成本,并且将辅助生产费用正确地计入基本生产产品的成本,在分配辅助生产费用时,还应在各辅助生产车间之间进行费用的交互分配,这就是辅助生产费用分配的特点。

【目标3-5】辅助生产车间组织管理性费用有两种处理方式,分别是什么?

答:一种是先记入"制造费用"总账和所属辅助生产制造费用明细账的借方进行归集,然后在期末从其贷方直接转入或分配转入"生产成本"总账和所属明细账的借方。另一种方式是不单独在"制造费用"总账下设置辅助生产车间的制造费用明细账,而是在费用发生时直接记入"生产成本"总账和下属的明细账。这种方式适合于辅助生产制造费用较小,并且不实行预算管理的企业。

【目标3-6】简述辅助生产对成本的影响。

答:辅助生产产品和劳务成本的高低,对于产品成本和经营管理性费用的水平有着很大的影响,而且只有辅助生产产品和劳务成本确定以后,才能计算基本生产的产品成本。因此,正确、及时地组织辅助生产费用的归集和分配,对于节约费用、降低成本以及正确、及时地计算企业的产品成本都是十分重要的。

【目标6-1】制造费用包括哪些内容?

答:制造费用的项目一般包括机物料消耗、职工薪酬、折旧费、修理费、租赁(不包括融资租赁)费、保险费、低值易耗品费用、水电费、取暖费、运输费、差旅费、办公费、劳动保护费、设计制图费、试验检验费等。

【目标7-1】制造费用常用的分配方法有哪些?

答:制造费用的分配方法很多,常用的方法有以下几种:

(1)生产工时(实耗工时或定额工时)比例分配法;

(2)生产工人工资比例法

(3)机器工时比例分配法;

(4)年度计划分配率分配法。

【目标7-2】简述几种制造费用分配方法的区别。

答：(1)采用生产工时比例分配法和生产工人工资比例分配法，资料容易取得，核算比较简便。但是，采用这两种方法时，各种产品生产的机械化程度不能相差悬殊，否则制造费用中机器设备的折旧费、修理费将大部分由机械化程度低的产品来负担，显得不合理，不能真实反映各产品的成本水平。

(2)机器工时比例分配法适用于机械化、自动化程度较高的车间，因为机器设备的折旧费、修理费等与机器运转的时间密切相关，但制造费用并非都与机器设备的使用有关，一律按机器工时比例分配显得不太合理。

为了提高分配结果的合理性，也可以对制造费用进行分类，分别按照机器工时和生产工时等比例分配。

(3)年度计划分配率分配法，是按照预先确定的全年度内的计划分配率分配制造费用，不管各月实际发生多少制造费用，各月各种产品成本中的制造费用均按年度计划分配率分配。

六、综合成本核算题

【目标4-1】练习辅助生产费用的分配。

一、资料：某工业企业有供水和供电两个辅助生产车间。某年7月份供水车间供水9000吨，全月发生的生产费用为3500元；供电车间供电40 000度，全月发生的生产费用为12 400元，水电均为一般消耗。该企业采取直接分配法分配辅助生产费用。本月各车间、部门消耗水电情况如下表：

| 消耗 | 单位 | 供水车间 | 供电车间 | 基本生产车间 | 管理部门 |
|---|---|---|---|---|---|
| 水 | 吨 | | 2000 | 5500 | 1500 |
| 电 | 度 | 4000 | | 30 000 | 6000 |

二、要求：

(1)分别计算供水车间和供电车间的辅助生产费用分配率(计算结果保留小数点后五位小数)。

供水车间的分配率$=\frac{3500}{9000-2000}=0.5$(元/吨)

供电车间的分配率$=\frac{12\,400}{40\,000-4000}=0.344\,44$(元/度)

(2)计算各受益部门应分配的辅助生产费用(计算结果保留整数)。

基本生产车间应分配的水费=5500×0.5=2750(元)

管理部门应分配的水费=1500×0.5=750(元)

基本生产车间应分配的电费=30 000×0.344 44=10 333(元)

管理部门应分配的电费=12 400−10 333=2067(元)

(3)编制相关会计分录。

借：制造费用　2750

管理费用 750

贷:生产成本——辅助生产成本——供水车间 3500

借:制造费用 10 333

管理费用 2067

贷:生产成本——辅助生产成本——供电车间 12 400

【目标4-2】练习辅助生产费用的分配

一、资料:某企业有供水和供电两个辅助生产车间,主要为本企业基本生产车间和行政管理部门服务。根据20××年8月辅助生产明细账得知,供水车间本月发生的费用为45 000元,供电车间本月发生的费用为2500元。各辅助生产车间供应的劳务数量见下表。

## 各辅助生产车间供应的劳务数量

20××年 8 月

| 受益对象 | 耗水(吨) | 耗电(度) |
|---|---|---|
| 基本生产——甲产品 | | 2000 |
| 基本生产车间 | 4000 | 1600 |
| 辅助生产车间——供电 | 2000 | |
| 辅助生产车间——供水 | | 600 |
| 行政管理部门 | 1600 | 250 |
| 专设销售机构 | 400 | 550 |
| 合计 | 8000 | 5000 |

二、要求:

(1)根据上述资料,用直接分配法分配辅助生产费用,将计算结果填入下表中,并编制分配的会计分录(费用分配率保留小数点后四位小数)。

## 辅助生产费用分配表

(直接分配法)

20××年 8 月　　　　单位:元

| 辅助生产车间名称 | | | 供水车间 | 供电车间 | 金额 |
|---|---|---|---|---|---|
| 待分配费用 | | | 45 000 | 2500 | 47 500 |
| 供应辅助生产车间以外单位的劳务数量 | | | 6000 | 4400 | |
| 费用分配率 | | | 7.5 | 0.568 2 | |
| 基本生产车间 | 应借“生产成本”账户 | 数量 | | 2000 | |
| | | 金额 | | 1136.40 | 1136.40 |

续表

| 辅助车间名称 | | | 供水车间 | 供电车间 | 金额 |
|---|---|---|---|---|---|
| 基本生产车间 | 应借“制造费用”账户 | 数量 | 4000 | 1600 | |
| | | 金额 | 30 000 | 909.12 | 30 909.12 |
| 小　计 | | | 30 000 | 2045.52 | 32 045.52 |
| 行政管理部门消耗 | 应借“管理费用”账户 | 数量 | 1600 | 250 | |
| | | 金额 | 12 000 | 142.05 | 12 142.05 |
| 专设销售机构消耗 | 应借“销售费用”账户 | 数量 | 400 | 550 | |
| | | 金额 | 3000 | 312.43 | 3312.43 |
| 分配金额合计 | | | 45 000 | 2500 | 47 500 |

借:生产成本——基本生产成本——甲产品　1136.40

制造费用　30 909.12

管理费用　12 142.05

销售费用　3312.43

贷:生产成本——辅助生产成本——供水车间　45 000

——供电车间　2500

(2)根据上述资料,用一次交互分配法分配辅助生产成本,并编制分配的会计分录。

## 辅助生产费用分配表

(交互分配法)

20××年 8 月　　　　单位:元

| 项　目 | | | 交互分配 | | | 对外分配 | | |
|---|---|---|---|---|---|---|---|---|
| 辅助生产车间名称 | | | 供水车间 | 供电车间 | 合计 | 供水车间 | 供电车间 | 合计 |
| 待分配费用 | | | 45 000 | 2500 | 47 500 | 34 050 | 13 450 | 47 500 |
| 劳务供应数量总额 | | | 8000 | 5000 | | 6000 | 4400 | |
| 费用分配率(单位成本) | | | 5.625 | 0.5 | | 5.675 | 3.056 8 | |
| 辅助生产消耗 | 供水车间 | 数量 | | 600 | | | | |
| | | 金额 | | 300 | | | | |
| | 供电车间 | 数量 | 2000 | | | | | |
| | | 金额 | 11 250 | | | | | |
| | 金额小计 | | 11 250 | 300 | | | | |

续表

| 项　目 | | 交互分配 | | | 对外分配 | | |
|---|---|---|---|---|---|---|---|
| 基本生产车间甲产品消耗 | 数量 | | | | | 2000 | |
| | 金额 | | | | | 6113.60 | 6113.60 |
| 基本生产车间一般性消耗 | 数量 | | | | 4000 | 1600 | |
| | 金额 | | | | 22 700 | 4890.88 | 27 590.88 |
| 行政管理部门消耗 | 数量 | | | | 1600 | 250 | |
| | 金额 | | | | 9080 | 764.20 | 9844.20 |
| 专设销售机构消耗 | 数量 | | | | 400 | 550 | |
| | 金额 | | | | 2270 | 1681.32 | 3951.32 |
| 分配金额合计 | | | | | 34 050 | 13 450 | 47 500 |

借:生产成本——辅助生产成本——供电车间　11 250

　贷:生产成本——辅助生产成本——供水车间　11 250

借:生产成本——辅助生产成本——供水车间　300

　贷:生产成本——辅助生产成本——供电车间　300

借:生产成本——基本生产成本——甲产品　6113.60

　制造费用　27 590.88

　管理费用　9844.20

　销售费用　3951.32

　贷:生产成本——辅助生产成本——供水车间　34 050

　　　　　　　　　　　　　　——供电车间　13 450

【目标8-1】练习制造费用分配的核算

一、资料:某企业20××年4月某车间生产A产品的实际产量为3000件,B产品的实际产量为1500件;A产品的实际生产工时为2小时/件,B产品的实际生产工时为6小时/件。已知当月制造费用总额为89 790元。

二、要求:

1.列式计算制造费用的分配过程。

$$制造费用分配率=\frac{89\ 790}{3000\times2+1500\times6}=5.986(元/小时)$$

A产品应分配的制造费用=6000×5.986=35 916(元)

B产品应分配的制造费用=9000×5.986=53 874(元)

2.编制有关会计分录。

借:生产成本——基本生产成本——A产品　35 916

　生产成本——基本生产成本——B产品　53 874

贷:制造费用 89 790

【目标8-2】练习制造费用分配的核算

一、资料:20××年1月,某企业第一车间发生下列相关的经济业务:

(1)生产领用原材料50 000元,用于产品生产;领用一般消耗材料450元。

(2)固定资产计提折旧情况见下表:

## 折旧明细表

| 车间名称 | 固定资产类别 | 折旧计提基数(元) | 月折旧率(%) | 月折旧额(元) |
|---|---|---|---|---|
| 第一车间 | 厂房 | 5 000 000 | 0.3 | 15 000 |
| | 设备 | 1 500 000 | 0.8 | 12 000 |
| 合计 | | 6 500 000 | | 27 000 |

(3)财会部门为第一车间支付日常办公费1200元。

(4)应付职工薪酬7890元,其中生产工人工资6490元,生产车间管理人员工资1400元。

(5)第一车间本月消耗的生产工时共计60 100小时,其中:A产品30 890小时,B产品29 210小时。

二、要求:

1.根据资料中的经济业务事项,编制会计分录。

(1)借:生产成本——基本生产成本 50 000

制造费用 450

贷:原材料 50 450

(2)借:制造费用 27 000

贷:累计折旧 27 000

(3)借:制造费用 1200

贷:银行存款 1200

(4)借:生产成本——基本生产成本 6490

制造费用 1400

贷:应付职工薪酬 7890

2.采用生产工时比例法编制制造费用分配表。

## 制造费用分配表

20××年 1 月

| 产品名称 | 分配标准(工时) | 分配率 | 分配额(元) |
|---|---|---|---|
| A 产品 | 30 890 | 0.5 | 15 445 |
| B 产品 | 29 210 | 0.5 | 14 605 |
| 合计 | 60 100 | 0.5 | 30 050 |

3.结转制造费用。

借:生产成本——基本生产成本——A产品　15 445

——B产品　14 605

贷:制造费用　30 050

# 第五章　生产费用在完工产品与在产品之间的分配

## 自测题

【目标1-1】A

【目标1-2】BC

【目标2-1】D

【目标2-2】ABCD

【目标2-3】AB

【目标3-1】B

【目标3-2】BCD

## 练习题

一、单项选择题

1.C;2.A;3.D;4.A;5.C;6.B;7.A;8.C

二、多项选择题

1.ABC;2.ABCD;3.ABCD;4.ABCD;5.ABCD;6.ABC

三、判断题

1.对;2.对;3.错;4.对;5.错;6.对;7.对;8.对;9.错;10.错;11.错

四、会计名词解释

【目标1-1】在产品

答:在产品是指已经投入生产,但没有完成全部生产过程、不能作为商品销售的产品。

【目标1-2】狭义的在产品

答:狭义的在产品是指某车间或某一生产步骤正在加工的在制品(含返修中的废品)。

【目标1-3】广义的在产品

答:广义的在产品是指企业各个车间正在加工的在制品和已经完成一个或几个生产步骤,还需继续加工的半成品(含未经验收入库的产品和等待返修的产品)。

【目标1-4】在产品台账

答:在产品台账是用于登记车间各种在产品转入、转出和结存的数量的一种账务格式。

【目标1-5】在产品清查

答:在产品清查是指通过对实物、现金的实地盘点和对银行存款、债权债务的核对,来确定财产物资、货币资金和债权债务的实存数,并查明账面结存与实存数是否相符的一种专门方法。

【目标2-1】约当产量

答:约当产量是指将月末在产品实际数量按其完工程度折合为完工产品的数量。

【目标2-2】约当产量比例法

答:约当产量比例法是指按照完工产品数量和在产品约当产量的比例分配费用的方法。

【目标2-3】直接材料费用分配率

答:直接材料费用分配率是指在产品实际数量与完工产品产量的比例。

【目标2-4】定额成本法

答:定额成本法是根据在产品的数量与单位材料消耗定额、工时定额与单位工时的工资定额、费用定额计算在产品成本的方法。

【目标2-5】定额比例法

答:定额比例法是按照完工产品和月末在产品定额费用比例或定额消耗量比例分配生产费用的方法。

五、简述题

【目标1-1】生产费用在完工产品与在产品之间分配的方法有哪些?

答:约当产量法、定额成本法、定额比例法、不计算在产品成本、按年初在产品成本计算、按所消耗直接材料费用计算在产品成本。

【目标1-2】在实际工作中企业可采用什么方法进行月末在产品成本计算?

答:约当产量法、定额成本法、定额比例法、不计算在产品成本、按年初在产品成本计算、按所消耗直接材料费用计算在产品成本。

【目标3-1】怎样计算在产品完工程度?

答:在各工序在产品数量和单位在产品在各工序的加工量都相差不大的情况下,后面各工序在产品多加工的程度可以抵补前面各工序少加工的程度。这样,全部在产品完工程度均可按50%平均计算。如果不属于这种情况,则各工序在产品的完工程度要按工序分别鉴定。

为了提高成本计算的准确性,加速成本计算工作,可以根据各工序的累计工时定额占完工产品工时定额的比例,事前确定各工序在产品的完工率即加工程度。

【目标3-2】定额成本法和定额比例法的区别是什么?

答:定额成本法是根据在产品的数量与单位材料消耗定额、工时定额与单位工时的工资定额、费用定额计算在产品成本的方法。定额比例法是按照完工产品和月末在产品定额费用比例或定额消耗量比例分配生产费用的方法。

六、综合成本核算题

【目标3-1】用约当产量法计算完工产品成本与月末在产品成本

一、资料:某家电厂生产批号为DH-1的甲产品,完工程度为50%,该产品原材料系生产开始时一次投入,且费用发生均衡。其他资料见下表。

## 基本生产成本明细账

产品名称:甲产品　　完工数量:40 台

在产品数量:60 台

| 月 | 日 | 摘要 | 直接材料(元) | 直接人工(元) | 制造费用(元) | 合计(元) |
|---|---|---|---|---|---|---|
| 1 | 31 | 1 月份发生成本 | 20 000 | 1100 | 800 | 21900 |
| 2 | 28 | 2 月份发生成本 | | 1700 | 1300 | 3000 |
| | 28 | 合计 | 20 000 | 2800 | 2100 | 24 900 |
| | 28 | 完工 40 台总成本 | 8000 | 1600 | 1200 | 10 800 |
| | 28 | 完工 40 台单位成本 | 200 | 40 | 30 | 270 |
| | 28 | 在产品成本 | 12 000 | 1200 | 900 | 14 100 |

要求:

1.月末采用约当产量法列式计算完工产品和月末在产品成本。

在产品约当产量=60×50%=30(台)

(1)直接材料分配率=$\frac{20\ 000}{40+60}$=200(元/台)

完工产品分配的直接材料=40×200=8000(元)

月末在产品分配的直接材料=60×200=12 000(元)

(2)直接人工分配率=$\frac{2800}{40+30}$=40(元/台)

完工产品分配的直接人工=40×40=1600(元)

月末在产品分配的直接人工=40×30=1200(元)

(3)制造费用分配率=$\frac{2100}{40+30}$=30(元/台)

完工产品分配的制造费用=40×30=1200(元)

在产品分配的制造费用=30×30=900(元)

(4)完工产品总成本=8000+1600+1200=10 800(元)

在产品总成本=12 000+1200+900=14 100(元)

2.将计算结果填入表中。结果如上表。

【目标3-2】练习生产费用在完工产品和在产品之间的分配

一、资料:某企业生产甲产品,原材料在生产开始时一次投入,某月完工产品6000件,在产品4000件,完工程度为50%。其他资料如下(单位:元):

| 项目 | 直接材料 | 直接人工 | 制造费用 | 合计 |
|---|---|---|---|---|
| 月初在产品成本 | 16 000 | 8500 | 6000 | 30 500 |
| 本月发生费用 | 100 000 | 34 900 | 40 000 | 174 900 |
| 合计 | 116 000 | 43 400 | 46 000 | 205 400 |

三、要求：

1.计算月末在产品约当产量(列式计算)。

在产品约当产量=4000×50%=2000(件)

2.用约当产量法计算完工产品成本与月末在产品成本(列式计算)。

(1)直接材料分配率=$\frac{116\ 000}{6000+4000\times100\%}$=11.6(元/件)

完工产品分配的直接材料=6000×11.6=69 600(元)

月末在产品分配的直接材料=4000×11.6=46 400(元)

(2)直接人工分配率=$\frac{43\ 400}{6000+4000\times50\%}$=5.425(元/件)

完工产品分配的直接人工=6000×5.425=32 550(元)

月末在产品分配的直接人工=2000×5.425=10 850(元)

(3)制造费用分配率=$\frac{46\ 000}{6000+4000\times50\%}$=5.75(元/件)

完工产品分配的制造费用=6000×5.75=34 500(元)

在产品分配的制造费用=2000×5.75=11 500(元)

(4)完工产品总成本=69 600+32 550+34 500=136 650(元)

月末在产品总成本=46 400+10 850+11 500=68 750(元)

3.根据计算结果，编制结转完工产品成本的会计分录。

借：库存商品——甲产品　136 650

　贷：生产成本——基本生产成本——甲产品　136 650

【目标3-3】计算各工序的完工程度。

一、资料：假设某企业甲产品经三道工序加工完成，每道工序工时定额分别为30小时、10小时和40小时。

二、要求：计算每道工序的完工程度。

第一道工序完工程度=$\frac{30\times50\%}{30+10+40}\times100\%$=18.75%

第二道工序完工程度=$\frac{30+10\times50\%}{30+10+40}\times100\%$=43.75%

第三道工序完工程度=$\frac{30+10+40\times50\%}{30+10+40}\times100\%$=75%

【目标3-4】初步认识工业企业产品成本归集的一般核算程序，月末计算完工产品生产成本与在产品成本

一、资料：

1.某企业设有一个基本生产车间（第一车间），生产A、B两种产品，另设一个辅助生产车间（机修车间），为生产车间提供修理劳务，采用直接分配法分配辅助生产费用。完工产品和在产品之间采用约当产量法进行费用分配。制造费用按生产工时比例分配。原材料在生产开始时一次投入，A、B两种产品均无期初在产品。

本月产量及工时消耗记录如表5-1所示。

## 表5-1 本月产量及工时消耗记录

| 项目 | A产品（件） | B产品（件） |
|---|---|---|
| 本月投产 | 2000 | 3000 |
| 本月完工 | 1800 | 3000 |
| 月末在产品 | 200 | 0 |
| 完工程度 | 50% | |
| 生产工时消耗 | 57 000 | 60 000 |

2.成本计算程序

（1）开设有关成本费用明细账

①按A、B两种产品分别设置基本生产成本明细账，见表5-10和表5-11。

②设置机修辅助生产成本明细账，见表5-6。

③设置制造费用明细账，见表5-8。

（2）归集和分配各种要素费用

①根据有关领料凭证，按领料部门和用途编制材料费用分配汇总表，如表5-2所示，并根据材料费用分配汇总表，编制记账凭证。

## 表5-2 材料费用分配汇总表

单位：元

| 部门及用途 | | 原料及主要材料 | 外购半成品 | 辅助材料 | 修理用备件 | 低值易耗品 | 合计 |
|---|---|---|---|---|---|---|---|
| 基本生产成本 | A产品 | 5600 | 272 130 | 130 | | | 277 860 |
| | B产品 | 44 000 | 9400 | | | | 53 400 |
| 小计 | | 49 600 | 281 530 | 130 | | | 331 260 |
| 辅助生产成本 | 修理用 | | | | 2000 | | 2000 |
| | 机物料消耗 | | | | | 10 000 | 10 000 |
| 合计 | | 49 600 | 281 530 | 130 | 2000 | 10 000 | 343 260 |

②根据各车间、部门所耗电费及应付电费，编制外购动力费用分配表，如表5-3，并根据外购动力费用分配表，编制记账凭证。

## 表 5-3 外购动力费用分配表

单位：元

| 部门及用途 | | 耗用电(度) | 单价 | 分配额 |
|---|---|---|---|---|
| 第一车间 | 制造费用 | 17 000 | 0.6 | 10 200 |
| 机修车间 | 修理费 | 5500 | 0.6 | 3300 |
| 厂部 | 一般消耗 | 2000 | 0.6 | 1200 |
| 合计 | | | | 14 700 |

注：第一车间生产A、B两种产品耗用电力没有单独计量，作制造费用处理。

③根据本月应付工资和计提职工福利费比例，编制工资费用与职工福利费分配表，如表5-4，并根据工资费用与职工福利费分配表，编制记账凭证。

## 表 5-4 工资费用与职工福利费分配表

单位：元

| 应借账户 | | 成本或费用项目 | 间接计入工资费用 | | | 职工福利费 | |
|---|---|---|---|---|---|---|---|
| | | | 生产工时 | 分配率 | 分配金额 | 计提比例 | 计提金额 |
| 基本生产成本 | A 产品 | 直接材料 | 57 000 | | 114 000 | 14% | 15 960 |
| | B 产品 | 直接材料 | 43 000 | | 86 000 | 14% | 12 040 |
| 小计 | | | 100 000 | 2 | 200 000 | 14% | 28 000 |
| 第一车间管理人员 | | 工资 | | | 13 000 | 14% | 1820 |
| 机修车间管理人员 | | 工资 | | | 14 000 | 14% | 1960 |
| 行政管理部门 | | | | | 59 000 | 14% | 8260 |
| 合计 | | | | | 286 000 | 14% | 40 040 |

④根据固定资产原值及月折旧率，编制固定资产折旧计算表，据以计提折旧费用，见表5-5，并根据固定资产折旧计算表，编制记账凭证。

## 表 5-5　固定资产折旧计算表

| 应借账户 | 原值(元) | 月折旧率 | 月折旧额 |
|---|---|---|---|
| 第一车间: | 5 300 000 | | 69 000 |
| 房屋及建筑物 | 3 500 000 | 1% | 35 000 |
| 机器设备 | 1 600 000 | 2% | 32 000 |
| 其他 | 200 000 | 1% | 2000 |
| 机修车间: | 1 000 000 | | 12 000 |
| 房屋及建筑物 | 800 000 | 1% | 8000 |
| 机器设备 | 200 000 | 2% | 4000 |
| 其他 | | | |
| 管理部门: | 2 815 000 | | 36 150 |
| 房屋及建筑物 | 2 000 000 | 1% | 20 000 |
| 机器设备 | 800 000 | 2% | 16 000 |
| 其他 | 15 000 | 1% | 150 |

(3)归集和分配辅助生产费用

①根据上述各种费用分配表及有关凭证,登记辅助生产成本明细账,如表5-6所示。

## 表 5-6　辅助生产成本明细账

单位:元

| 年 | | 摘　要 | 直接材料 | 直接人工 | 制造费用 | 合计 |
|---|---|---|---|---|---|---|
| 月 | 日 | | | | | |
| | | 分配材料费用 | 12 000 | | | 12 000 |
| | | 分配工资费用 | | 14 000 | | 14 000 |
| | | 分配福利费用 | | 1960 | | 1960 |
| | | 分配折旧费用 | | | 12 000 | 12 000 |
| | | 分配动力费用 | 3300 | | | 3300 |
| | | 本月合计 | 15 300 | 15 960 | 12 000 | 43 260 |
| | | 分配转出 | 15 300 | 15 960 | 12 000 | 43 260 |

②根据机修车间为各车间、部门提供修理工时数，编制辅助生产费用分配表，见表5-7，并根据辅助生产费用分配表，编制记账凭证。

### 表 5-7 辅助生产费用分配表

| 部门 | 耗用工时（小时） | 分配率 | 分配金额（元） |
|---|---|---|---|
| 第一车间 | 5000 | 4.326 | 21 630 |
| 行政管理部门 | 2000 | 4.326 | 8652 |
| 销售部门 | 3000 | 4.326 | 12 978 |
| 合计 | 10 000 | 4.326 | 43 260 |

（4）归集和分配制造费用

①根据各种费用分配表及有关凭证，登记第一车间制造费用明细账，见表5-8。

### 表 5-8 制造费用明细账

单位：元

| 摘要 | 工资 | 福利费 | 折旧费 | 水电费 | 修理费 | 合计 |
|---|---|---|---|---|---|---|
| 分配工资费用 | 13 000 | | | | | 13 000 |
| 分配福利费用 | | 1820 | | | | 1820 |
| 分配折旧费用 | | | 69 000 | | | 69 000 |
| 分配动力费用 | | | | 10 200 | | 10 200 |
| 分配机修费用 | | | | | 21 630 | 21 630 |
| 本月合计 | 13 000 | 1820 | 69 000 | 10 200 | 21 630 | 115 650 |
| 分配转出 | 13 000 | 1820 | 69 000 | 10 200 | 21 630 | 115 650 |

②根据生产A、B两种产品生产工时比例分配制造费用，编制制造费用分配表，见表5-9，并根据制造费用分配表，编制记账凭证。

### 表 5-9 制造费用分配表

| 产品名称 | 生产工时（小时） | 分配率（元/小时） | 分配金额（元） |
|---|---|---|---|
| A 产品 | 57 000 | 1.156 5 | 65 920.50 |
| B 产品 | 43 000 | 1.156 5 | 49 729.50 |
| 合计 | 100 000 | 1.156 5 | 115 650 |

(5)计算各种完工产品成本和在产品成本

①根据各种费用分配表及有关凭证,登记基本生产成本明细账,归集每种产品所发生的全部费用,见表5-10和表5-11。

## 表5-10 基本生产成本明细账

产品名称:A产品　　单位:元

| 年 | | 摘要 | 直接材料 | 直接人工 | 制造费用 | 合计 |
|---|---|---|---|---|---|---|
| 月 | 日 | | | | | |
| | | 分配材料费用 | 277 860 | | | 277 860 |
| | | 分配工资费用 | | 114 000 | | 114 000 |
| | | 分配福利费用 | | 15 960 | | 15 960 |
| | | 结转制造费用 | | | 65 920.50 | 65 920.50 |
| | | 本月合计 | 277 860 | 129 960 | 65 920.50 | 473 740.50 |
| | | 结转完工产品成本 | 250 074 | 123 120 | 62 451 | 435 645 |
| | | 月末在产品成本 | 27 786 | 6840 | 3469.50 | 38 095.50 |

## 表5-11 基本生产成本明细账

产品名称:B产品　　单位:元

| 年 | | 摘要 | 直接材料 | 直接人工 | 制造费用 | 合计 |
|---|---|---|---|---|---|---|
| 月 | 日 | | | | | |
| | | 分配材料费用 | 53 400 | | | 53 400 |
| | | 分配工资费用 | | 86 000 | | 86 000 |
| | | 分配福利费用 | | 12 040 | | 12 040 |
| | | 结转制造费用 | | | 49 729.50 | 49 729.50 |
| | | 本月合计 | 53 400 | 98 040 | 49 729.50 | 201 169.50 |
| | | 结转完工产品成本 | 53 400 | 98 040 | 49 729.50 | 201 169.50 |

②A产品采用约当产量法,计算完工产品成本和在产品成本,见表5-12。

## 表 5-12　完工产品与月末在产品费用分配表

单位:元

| 项目 | 直接材料 | 直接人工 | 制造费用 | 合计 |
|---|---|---|---|---|
| 生产费用合计 | 277 860 | 129 960 | 65 920.50 | 473 740.50 |
| 本月完工产品数量 | 1800 | 1800 | 1800 | |
| 月末在产品数量 | 200 | 200 | 200 | |
| 月末在产品完工程度 | 100% | 50% | 50% | |
| 月末在产品约当产量 | 200 | 100 | 100 | |
| 约当产量总计 | 2000 | 1900 | 1900 | |
| 费用分配率 | 138.93 | 68.4 | 34.695 | |
| 本月完工产品总成本 | 250 074 | 123 120 | 62 451 | 435 645 |
| 月末在产品成本 | 27 786 | 6840 | 3469.5 | 38 095.50 |

③B产品全部完工,所以发生的全部费用即为完工产品成本。

(6)根据A、B两种产品基本生产成本明细账计算的完工产品总成本和单位成本,编制完工产品成本汇总表,见表5-13。

## 表 5-13　完工产品成本汇总表

单位:元

| 成本项目 | A 产品 | | B 产品 | |
|---|---|---|---|---|
| | 总成本 | 单位成本 | 总成本 | 单位成本 |
| 直接材料 | 250 074 | 138.93 | 53 400 | 17.80 |
| 直接人工 | 123 120 | 68.40 | 98 040 | 32.68 |
| 制造费用 | 62 451 | 34.695 | 49 729.50 | 16.58 |
| 合计 | 435 645 | 242.03 | 201 169.50 | 67.06 |

(7)根据完工产品成本汇总表,编制记账凭证。

## 记账凭证

年　月　日　　　　　　　　　　　　　　　　　　记字第　号

| 摘要 | 会计科目 | | 记账 | 借方金额 | 记账 | 贷方金额 |
|---|---|---|---|---|---|---|
| | 一级科目 | 二级或明细科目 | | | | |
| 分配材料费用 | 生产成本 | 基本生产成本(A 产品) | | 277 860 | | |
| | | 基本生产成本(B 产品) | | 53 400 | | |
| | | 辅助生产成本(机修车间) | | 12 000 | | |
| | 原材料 | | | | | 343 260 |
| 合计 | | | | 343 260 | | 343 260 |

## 记账凭证

年　月　日　　　　　　　　　　　　　　　　　　记字第　号

| 摘要 | 会计科目 | | 记账 | 借方金额 | 记账 | 贷方金额 |
|---|---|---|---|---|---|---|
| | 一级科目 | 二级或明细科目 | | | | |
| 分配动力费用 | 制造费用 | 一车间 | | 10 200 | | |
| | 生产成本 | 辅助生产成本(机修车间) | | 3300 | | |
| | 管理费用 | | | 1200 | | |
| | 应付账款 | | | | | 14 700 |
| 合 计 | | | | 14 700 | | 14 700 |

## 记账凭证

年　月　日　　　　　　　　　　　　　　　　　　记字第　号

| 摘要 | 会计科目 | | 记账 | 借方金额 | 记账 | 贷方金额 |
|---|---|---|---|---|---|---|
| | 一级科目 | 二级或明细科目 | | | | |
| 分配工资 | 生产成本 | 基本生产成本(A 产品) | | 114 000 | | |
| | | 基本生产成本(B 产品) | | 86 000 | | |
| | 制造费用 | 一车间 | | 13 000 | | |
| | 生产成本 | 辅助生产成本(机修车间) | | 14 000 | | |
| | 管理费用 | | | 59 000 | | |
| | 应付职工薪酬 | 工资 | | | | 286 000 |
| 合 计 | | | | 286 000 | | 286 000 |

## 记账凭证

年　月　日　　　　　　　　　　　　　　　　记字第　号

| 摘要 | 会计科目 | | 记账 | 借方金额 | 记账 | 贷方金额 |
|---|---|---|---|---|---|---|
| | 一级科目 | 二级或明细科目 | | | | |
| 分配福利费 | 生产成本 | 基本生产成本(A 产品) | | 15 960 | | |
| | | 基本生产成本(B 产品) | | 12 040 | | |
| | 制造费用 | 一车间 | | 1820 | | |
| | 生产成本 | 辅助生产成本(机修车间) | | 1960 | | |
| | 管理费用 | | | 8260 | | |
| | 应付职工薪酬 | 福利费 | | | | 40 040 |
| 合 计 | | | | 40 040 | | 40 040 |

## 记账凭证

年　月　日　　　　　　　　　　　　　　　　记字第　号

| 摘要 | 会计科目 | | 记账 | 借方金额 | 记账 | 贷方金额 |
|---|---|---|---|---|---|---|
| | 一级科目 | 二级或明细科目 | | | | |
| 分配折旧费 | 制造费用 | 一车间 | | 69 000 | | |
| | 生产成本 | 辅助生产成本(机修车间) | | 12 000 | | |
| | 管理费用 | | | 36 150 | | |
| | 累计折旧 | | | | | 117 150 |
| 合 计 | | | | 117 150 | | 117 150 |

## 记账凭证

年　月　日　　　　　　　　　　　　　　　　记字第　号

| 摘要 | 会计科目 | | 记账 | 借方金额 | 记账 | 贷方金额 |
|---|---|---|---|---|---|---|
| | 一级科目 | 二级或明细科目 | | | | |
| 分配辅助生产费用 | 制造费用 | 一车间 | | 21 630 | | |
| | 管理费用 | | | 8652 | | |
| | 销售费用 | | | 12 978 | | |
| | 生产成本 | 辅助生产成本(机修车间) | | | | 43 260 |
| 合计 | | | | 43 260 | | 43 260 |

## 记账凭证

年 月 日 记字第 号

| 摘要 | 会计科目 | | 记账 | 借方金额 | 记账 | 贷方金额 |
|---|---|---|---|---|---|---|
| | 一级科目 | 二级或明细科目 | | | | |
| 结转制造费用 | 生产成本 | 基本生产成本(A产品) | | 65 920.50 | | |
| | | 基本生产成本(B产品) | | 49 729.50 | | |
| | 制造费用 | 一车间 | | | | 115 650 |
| 合 计 | | | | 115 650 | | 115 650 |

## 记账凭证

年 月 日 记字第 号

| 摘要 | 会计科目 | | 记账 | 借方金额 | 记账 | 贷方金额 |
|---|---|---|---|---|---|---|
| | 一级科目 | 二级或明细科目 | | | | |
| 结转完工产品成本 | 库存商品 | A产品 | | 435 645 | | |
| | | B产品 | | 201 169.50 | | |
| | 生产成本 | 基本生产成本(A产品) | | | | 435 645 |
| | | 基本生产成本(B产品) | | | | 201 169.50 |
| | | | | | | |
| | | | | | | |
| 合 计 | | | | 636 814.50 | | 636 814.50 |

## 记账凭证

年 月 日 记字第 号

| 摘 要 | 会计科目 | | 记账 | 借方金额 | 记账 | 贷方金额 |
|---|---|---|---|---|---|---|
| | 一级科目 | 二级或明细科目 | | | | |
| | | | | | | |
| | | | | | | |
| | | | | | | |
| | | | | | | |
| | | | | | | |
| | | | | | | |
| 合 计 | | | | | | |

## 记账凭证

年 月 日　　　　　　　　记字第 号

| 摘 要 | 会计科目 | | 记账 | 借方金额 | 记账 | 贷方金额 |
|---|---|---|---|---|---|---|
| | 一级科目 | 二级或明细科目 | | | | |
| | | | | | | |
| | | | | | | |
| | | | | | | |
| | | | | | | |
| | | | | | | |
| | | | | | | |
| 合 计 | | | | | | |

# 第六章　成本计算方法的分类

## 自测题

【目标1-1】ACD
【目标1-2】D
【目标1-3】AC
【目标1-4】CD
【目标1-5】AB
【目标3-1】C
【目标3-2】B
【目标3-3】A
【目标3-4】BCD
【目标3-5】BC

## 练习题

一、单项选择题

1.C;2.D;3.B;4.B;5.C

二、多项选择题

1.BCD;2.AB;3.ACD;4.ABC;5.AB;6.AB

三、判断题

1.对;2.错;3.错; 4.对; 5.错; 6.对;7.错; 8.对; 9.对; 10.对;11.错

四、会计名词解释

【目标1-1】生产类型

答:生产类型是企业或车间按产品的工艺过程特点和生产组织特点所进行的分类。

【目标1-2】生产工艺

答:生产工艺,是指从原材料投入到成品的产出,顺序所经过的各个生产阶段和环节的一系列过程。

【目标1-3】单步骤生产

答: 单步骤生产是指生产工艺不能间断或者由于工作地点的限制不便于分散在几个不同地点进行生产的作业组织。

【目标1-4】连续式多步骤生产

答:连续式多步骤生产是指原材料投入生产后,要依次经过各生产步骤的连续加工才能形成产成品的生产。

【目标1-5】生产组织

答:生产组织是指企业保证生产过程各个环节、各项因素相互协调的产品生产方式,它体现着企业生产专业化和生产过程重复程度的高低。

【目标1-6】成批生产

答:成批生产是指按照事先规定的产品批别和数量成批重复进行的生产。

【目标1-7】大量生产

答:大量生产是指不断地重复生产品种相同的产品,生产产品的品种一般较少,而且比较稳定。

【目标1-8】小批生产

答:小批生产是指由于产品批量小,一批产品一般可以同时完工,因此接近于单件生产。

【目标1-9】单件生产

答:单件生产是根据购买单位订单所要求的特定规格和数量的产品而组织进行的生产。

【目标3-1】产品成本计算方法

答:产品成本计算方法是指把生产费用在企业生产的各种产品之间、产成品和在产品之间进行分配的方法。

【目标3-2】生产费用在完工产品与在产品之间的分配

答:在完工产品和月末在产品之间分配生产费用,应根据在产品数量的多少、各月在产品数量的波动程度、各项费用比重的大小、定额管理水平等具体条件,选用适当的分配方法。

【目标3-2】品种法

答:以产品品种为成本计算对象的成本计算方法,称为品种法

【目标3-3】分批法

答:以产品批别为成本计算对象的成本计算方法,称为分批法。

【目标3-4】分步法

答:以产品生产步骤为成本计算对象的成本计算方法,称为分步法。

【目标4-1】分类法

答:分类法是以产品类别为成本核算对象,将生产费用按产品的类别进行归集,计算各类产品成本,然后再按照一定的分配标准在各类各种产品之间进行分配,以计算各种产品成本的方法。

【目标4-2】定额法

答:定额法是在实际费用发生时,将其划分为定额成本和定额差异两部分来归集,并分析产生差异的原因,以产品定额为基础,加上(或减去)脱离定额差异和定额变动差异,来计算产品成本的一种辅助方法。

五、简述题

【目标1-1】企业生产类型是怎样划分的?

答:按照企业的生产工艺过程特点,可分为单步骤生产和多步骤生产;按照生产组织的特点,可分为大量生产、成批生产和单件生产。

【目标2-1】简述企业成本管理要求对成本计算方法的影响。

答:生产类型和管理要求对产品成本计算方法的影响具体表现在三个方面,即如何确定成本计算对象,如何确定成本计算期,是否需要将生产费用在完工产品与在产品之间分配。

【目标3-1】产品成本计算的基本方法有哪些?

答:基本方法有品种法、分步法、分批法三种。

【目标4-1】产品成本计算的辅助方法有哪些?

答:分类法和定额法。

【目标4-2】简述产品成本计算方法在实际工作中的应用。

答:在实际工作中,应根据企业生产类型的特点和管理要求,并考虑企业的生产规模和管理水平等具体条件,从实际出发,灵活应用各种成本计算方法。应注意:

(1)几种产品成本计算方法的同时应用;

(2)几种产品成本计算方法的结合应用。

# 第七章　品种法

## 自测题

【目标1-1】ABC

【目标1-2】ABCD

【目标2-1】C

【目标2-2】B

【目标3-1】A

## 练习题

一、单项选择题

1.D;2.B;3.C;4.A;5.B;6.A

二、多项选择题

1.ACD;2.AB;3.ABCD;4.ABD;5.ABC

三、判断题

1.错;2.对;3.对;4.对;5.对

四、简述题

【目标2-1】什么是品种法?

答:品种法是以产品品种为产品计算对象,归集生产费用,计算产品成本的一种方法。品种法是产品成本计算方法中最基本的方法。

【目标3-1】简述品种法的成本计算过程。

答:①开设成本明细账;

②归集和分配各种要素费用;

③归集和分配辅助生产费用;

④归集和分配基本生产车间制造费用;

⑤计算各种产品的完工产品成本和在产品成本;

⑥结转产成品生产成本。

五、综合成本核算题

【目标4】练习产品成本计算的品种法

一、资料:某企业设有一个基本生产车间,大量生产甲、乙两种产品,另设一个机修辅助生产车间。该企业根据生产特点和成本管理要求,采用品种法计算产品成本,设置直接材料、直接人工、制造费用三个成本项目。该企业20××年6份有关产品产量及成本资料如表7-1、表7-2、表7-3、表7-4、表7-5、表7-6所示。

## 表 7-1 月初在产品成本

单位:元

| 产品品种 | 成本项目 | | | 合 计 |
|---|---|---|---|---|
| | 直接材料 | 直接人工 | 制造费用 | |
| 甲产品 | 60 000 | 6000 | 10 000 | 76 000 |
| 乙产品 | 65 000 | 4000 | 9000 | 78 000 |

## 表 7–2　产量资料

单位:件

| 项　目 | 甲产品 | 乙产品 |
|---|---|---|
| 期初在产品 | 80 | 100 |
| 本月投产 | 700 | 300 |
| 本月完工 | 760 | 390 |
| 月末在产品 | 20 | 10 |

注:甲、乙两种产品月末在产品完工程度均为50%。

## 表 7–3　工时记录

单位:小时

| 受益部门或产品 | 基本生产车间工时 | 机修车间生产工时 |
|---|---|---|
| 甲产品 | 35 000 | |
| 乙产品 | 15 000 | |
| 小　计 | 50 000 | |
| 基本生产车间 | | 1600 |
| 企业行政管理部门 | | 400 |
| 合　计 | 50 000 | 2000 |

## 表 7-4　材料费用资料

单位:元

| 领料用途 | 直接领用 | 共同耗用 | 合　计 |
|---|---|---|---|
| 甲产品 | 250 000 | | |
| 乙产品 | 146 000 | | |
| 小　计 | 396 000 | 200 000 | 596 000 |
| 基本生产车间 | 28 000 | | 28 000 |
| 机修车间 | 1000 | | 1000 |
| 合　计 | 425 000 | 200 000 | 625 000 |

## 表 7-5　职工薪酬资料

单位:元

| 项　　目 | 金　　额 |
|---|---|
| 生产工人工资 | 156 000 |
| 基本生产车间 | 8000 |
| 机修车间 | 13 600 |
| 合　　计 | 177 600 |

## 表 7–6　折旧及其他费用资料

单位：元

| 车间名称 | 各项费用 | | | | 合 计 |
| --- | --- | --- | --- | --- | --- |
| | 折旧费 | 动力费 | 摊销大修理费 | 办公费 | |
| 基本生产车间 | 69 800 | 48 000 | 20 000 | 36 850 | 174 650 |
| 机修车间 | 6470 | 10 000 | 1240 | 4600 | 22 310 |
| 合　计 | 76 270 | 58 000 | 21 240 | 41 450 | 196 960 |

原材料是在生产开始时一次投入，甲、乙两种产品共同耗用的材料按直接材料比例分配，制造车间生产工人工资、制造费用均按生产工时比例分配；辅助生产费用按修理工时比例分配；甲、乙产品按约当产量法计算完工产品成本和月末在产品成本。

(一)要求：

1.以甲、乙产品为成本计算对象，开设甲、乙两种产品基本生产成本明细账(表7–16、表7–17；开设机修车间辅助生产成本明细账(表7–11)；开设基本生产车间制造费用明细账(表7–13)。辅助车间发生的制造费用，直接计入辅助生产成本明细账。

2.根据材料费用资料，表7–4，按用途编制材料费用分配表(表7–7)。(费用分配率小数点后保留四位小数)。

## 表 7–7　材料费用分配表

20××年6月30日

| 应借账户 | | 成本或费用项目 | 间接计入费用 | | | 直接计入费用(元) | 合 计(元) |
| --- | --- | --- | --- | --- | --- | --- | --- |
| 总账账户 | 明细账户 | | 分配标准(件) | 分配率(元/件) | 分配额(元) | | |
| 生产成本 | 基本生产成本——甲产品 | 直接材料 | 250 000 | 0.5050 | 126 250 | 250 000 | 376 250 |
| | 基本生产成本——乙产品 | 直接材料 | 146 000 | 0.5050 | 73 750 | 146 000 | 219 750 |
| 制造费用 | 基本生产车间 | 物料消耗 | | | | 28 000 | 28 000 |
| 生产成本 | 辅助生产成本 | 直接材料 | | | | 1000 | 1000 |
| 合 计 | | | | | 200 000 | 425 000 | 625 000 |

3.根据表7–7材料费用分配表编制记账凭证。

4.根据本月职工薪酬资料，与规定的职工福利费的提取比例(14%)，编制职工薪酬分配表(表7–8)。

## 表 7–8　职工薪酬分配表

20××年6月30日

| 应借账户 | | 成本或费用项目 | 间接计入费用 | | | 职工福利费(元) | 合计(元) |
|---|---|---|---|---|---|---|---|
| 总账账户 | 明细账户 | | 工时(小时) | 分配率(元/小时) | 分配额(元) | | |
| 生产成本 | 基本生产成本——甲产品 | 直接人工 | 35 000 | 3.12 | 109 200 | 15 288 | 124 488 |
| | 基本生产成本——乙产品 | 直接人工 | 15 000 | 3.12 | 46 800 | 6552 | 53 352 |
| 生产成本 | 辅助生产成本 | 直接人工 | | | 13 600 | 1904 | 15 504 |
| 制造费用 | 基本生产车间 | 工资及福利费 | | | 8000 | 1120 | 9120 |
| 合计 | | | | | 177 600 | 24 864 | 202 464 |

5.根据表7–8职工薪酬费用分配表编制记账凭证。

6.根据表7–6折旧及其他费用资料，编制固定资产折旧及其他费用分配表(表7–9)，并编制记账凭证。

## 表 7–9　折旧及其他费用分配表

单位：元

| 应借账户 | | 费用项目 | | | | 合计 |
|---|---|---|---|---|---|---|
| 总账账户 | 明细账户 | 折旧费 | 动力费 | 修理费 | 办公费 | |
| 制造费用 | 基本生产车间 | 69 800 | 48 000 | 20 000 | 36 850 | 174 650 |
| 生产成本 | 辅助生产成本 | 6470 | 10 000 | 1240 | 4600 | 22 310 |
| 合 计 | | 76 270 | 58 000 | 21240 | 41450 | 196 960 |

7.根据上述费用分配表及记账凭证登记基本生产成本明细账、辅助生产成本明细账、制造费用明细账。

8.月末，根据归集的辅助生产成本，采用直接分配法分配辅助生产费用，编制辅助生产费用分配表(表7–10)。

## 表 7-10　辅助生产费用分配表

（直接分配法）

20××年6月30日　　单位：元

| 项 目 | | 修理车间 | 合计 |
|---|---|---|---|
| 归集的辅助生产费用 | | 38 814 | 38 814 |
| 提供给辅助生产车间以外的劳务量 | | 2000 | |
| 辅助费用分配率 | | 19.407 | |
| 基本生产车间 | 接受劳务量 | 1600 | |
| | 应负担费用 | 31 051.20 | 31 051.20 |
| 行政管理部门 | 接受劳务量 | 400 | |
| | 应负担费用 | 7762.80 | 7762.80 |
| 合计 | | 38 814 | 38 814 |

注：分配率保留小数点后三位小数。

9.根据表7-11，编制辅助生产费用分配的记账凭证，登记相关明细账。

## 表 7-11　辅助生产成本明细账

产品名称：机修车间　　单位：元

| 20 年 | | 摘 要 | 成 本 项 目 | | | 合 计 |
|---|---|---|---|---|---|---|
| 月 | 日 | | 直接材料 | 直接人工 | 制造费用 | |
| 6 | × | 分配材料费用 | 1000 | | | 1000 |
| | × | 分配工资费用 | | | | 13 600 |
| | × | 分配职工福利费 | | | | 1904 |
| | × | 分配折旧费 | | | 6470 | 6470 |
| | | 分配其他费用 | | | 15 840 | 15 840 |
| | 30 | 本月生产费用合计 | 1000 | 15 504 | 22 310 | 38 814 |
| | 30 | 分配辅助生产费用 | 1000 | 15 504 | 22 310 | 38 814 |

10.月末,根据归集的基本生产车间的制造费用,编制制造费用分配表(表7-12)(分配率保留小数点后四位小数)。

## 表7-12 制造费用分配表

20××年6月30日

| 分配对象 | 分配标准(元) | 分配率 | 分配金额(元) |
|---|---|---|---|
| 甲产品 | 35 000 | 4.856 4 | 169 974 |
| 乙产品 | 15 000 | 4.856 4 | 72 847.20 |
| 合计 | 50 000 | 4.856 4 | 242 821.20 |

11.根据表7-12,编制制造费用分配的记账凭证,登记相关明细账。

## 表7-13 制造费用明细账

车间名称:基本生产车间　　20××年6月30日　　单位:元

| 20 年 | | 摘要 | 费用项目 | | | | | | | 合计 |
|---|---|---|---|---|---|---|---|---|---|---|
| 月 | 日 | | 机物料消耗 | 职工薪酬 | 折旧费 | 动力费 | 修理费 | 办公费 | 其他费用 | |
| 6 | × | 分配材料费用 | 28 000 | | | | | | | 28 000 |
| | × | 分配工资费用 | | 8000 | | | | | | 8000 |
| | × | 福利费分配 | | 1120 | | | | | | 1120 |
| | × | 折旧费分配 | | | 69 800 | | | | | 69 800 |
| | × | 动力费用 | | | | 48 000 | | | | 48 000 |
| | × | 摊销大修理费 | | | | | 20 000 | | | 20 000 |
| | × | 支付办公费用 | | | | | | 36 850 | | 36 850 |
| | × | 分配辅助费用 | | | | | | | 31 051.20 | 31 051.20 |
| | 30 | 本月生产费用合计 | 28 000 | 9120 | 69 800 | 48 000 | 20 000 | 36 850 | 31 051.20 | 242 821.20 |
| | 30 | 分配制造费用 | 28 000 | 9120 | 69 800 | 48 000 | 20 000 | 36 850 | 31 051.20 | 242 821.20 |

12.根据基本生产成本明细账记录,计算甲、乙完工产品的总成本与单位成本,编制产品成本计算单,见表7-14、表7-15(单位成本保留小数点后两位小数)。

## 表7-14 产品成本计算单

产品名称：甲产品　　20××年6月30日　　完工产品产量：760件

生产车间：基本生产车间　　月末在产品：20件　单位：元

| 摘要 | 成本项目 | | | 合计 |
|---|---|---|---|---|
| | 直接材料 | 直接人工 | 制造费用 | |
| 月初在产品成本 | 60 000 | 6000 | 10 000 | 76 000 |
| 本月生产费用 | 376 250 | 124 488 | 169 974 | 670 712 |
| 生产费用合计 | 436 250 | 130 488 | 179 974 | 746 712 |
| 完工产品总成本 | 425 060.40 | 128 789.60 | 177 634.80 | 731 484.80 |
| 月末在产品成本 | 11 189.60 | 1698.40 | 2339.20 | 15 227.20 |
| 单位成本 | 559.29 | 169.46 | 233.73 | 962.48 |

## 表7-15 产品成本计算单

产品名称：乙产品　　20××年6月30日　　完工产品产量：390件

生产车间：基本生产车间　　月末在产品：10件　单位：元

| 摘要 | 成本项目 | | | 合计 |
|---|---|---|---|---|
| | 直接材料 | 直接人工 | 制造费用 | |
| 月初在产品成本 | 65 000 | 4000 | 9000 | 78 000 |
| 本月生产费用 | 219 750 | 53 352 | 72 847.20 | 345 949.20 |
| 生产费用合计 | 284 750 | 57 352 | 81 847.20 | 423 949.20 |
| 完工产品总成本 | 277 633.20 | 56 624.10 | 80 811.90 | 415 069.20 |
| 月末在产品成本 | 7116.80 | 727.90 | 1035.30 | 8880 |
| 单位成本 | 711.88 | 145.19 | 207.21 | 1064.28 |

13.根据表7-16、7-17，结转完工产品成本，编制记账凭证，登记基本生产成本明细账。

## 表 7-16 基本生产成本明细账

产品名称：甲产品　　　　车间：基本生产车间　　　　单位：元

| 20 年 | | 摘要 | 成本项目 | | | 合计 |
|---|---|---|---|---|---|---|
| 月 | 日 | | 直接材料 | 直接人工 | 制造费用 | |
| 6 | 1 | 月初在产品成本 | 60 000 | 6000 | 10 000 | 76 000 |
| | × | 分配材料费用 | 376 250 | | | 376 250 |
| | × | 分配工资费用 | | 109 200 | | 109 200 |
| | × | 分配职工福利费 | | 15 288 | | 15 288 |
| | × | 分配制造费用 | | | 169 974 | 169 974 |
| | 30 | 本月生产费用合计 | 436 250 | 130 488 | 179 974 | 746 712 |
| | 30 | 结转完工产品成本 | 425 060.40 | 128 789.60 | 177 634.8 | 731 484.80 |
| | 30 | 月末在产品成本 | 11189.60 | 1698.40 | 2339.2 | 15 227.20 |

## 表 7-17 基本生产成本明细账

产品名称：乙产品　　　　车间：基本生产车间　　　　单位：元

| 20 年 | | 摘要 | 成本项目 | | | 合计 |
|---|---|---|---|---|---|---|
| 月 | 日 | | 直接材料 | 直接人工 | 制造费用 | |
| 6 | 1 | 月初在产品成本 | 65 000 | 4000 | 9000 | 78 000 |
| | × | 分配材料费用 | 219 750 | | | 219 750 |
| | × | 分配工资费用 | | 46 800 | | 46 800 |
| | × | 分配职工福利费 | | 6552 | | 6552 |
| | × | 分配制造费用 | | | 72 847.20 | 72 847.20 |
| | 30 | 本月生产费用合计 | 284 750 | 57 352 | 81 847.20 | 423 949.20 |
| | 30 | 结转完工产品成本 | 277 633.20 | 56 624.10 | 80 811.90 | 415 069.20 |
| | 30 | 月末在产品成本 | 7116.80 | 727.90 | 1035.30 | 8880.00 |

# 记账凭证

年 月 日　　　　记字第 号

| 摘要 | 会计科目 | | 记账 | 借方金额 | 记账 | 贷方金额 |
|---|---|---|---|---|---|---|
| | 一级科目 | 二级或明细科目 | | | | |
| 材料费用分配 | 生产成本 | 基本生产成本(甲产品) | | 376 250 | | |
| | | 基本生产成本(乙产品) | | 219 750 | | |
| | 制造费用 | 基本生产车间 | | 28 000 | | |
| | 生产成本 | 辅助生产成本 | | 1000 | | |
| | 原材料 | | | | | 625 000 |
| | | | | | | |
| 合计 | | | | 625 000 | | 625 000 |

# 记账凭证

年 月 日　　　　记字第 号

| 摘要 | 会计科目 | | 记账 | 借方金额 | 记账 | 贷方金额 |
|---|---|---|---|---|---|---|
| | 一级科目 | 二级或明细科目 | | | | |
| 职工薪酬分配 | 生产成本 | 基本生产成本(甲产品) | | 124 488 | | |
| | | 基本生产成本(乙产品) | | 53 352 | | |
| | | 辅助生产成本 | | 15 504 | | |
| | | 制造费用 | | 9120 | | |
| | 应付职工薪酬 | 工资 | | | | 177 600 |
| | | 福利费 | | | | 24 864 |
| 合计 | | | | 202 464 | | 202 464 |

## 记账凭证

年　月　日　　　　　　　　记字第　　号

| 摘　要 | 会计科目 | | 记账 | 借方金额 | 记账 | 贷方金额 |
|---|---|---|---|---|---|---|
| | 一级科目 | 二级或明细科目 | | | | |
| 计提折旧 | 制造费用 | 基本生产车间 | | 69 800 | | |
| | 生产成本 | 辅助生产成本 | | 6470 | | |
| | 累计折旧 | | | | | 760 270 |
| | | | | | | |
| | | | | | | |
| | | | | | | |
| 合　计 | | | | 76 270 | | 76 270 |

## 记账凭证

年　月　日　　　　　　　　记字第　　号

| 摘　要 | 会计科目 | | 记账 | 借方金额 | 记账 | 贷方金额 |
|---|---|---|---|---|---|---|
| | 一级科目 | 二级或明细科目 | | | | |
| 支付其他费用 | 制造费用 | 基本生产车间 | | 104 850 | | |
| | 生产成本 | 辅助生产成本 | | 15 840 | | |
| | 银行存款 | | | | | 120 690 |
| | | | | | | |
| | | | | | | |
| | | | | | | |
| 合　计 | | | | 120 690 | | 120 690 |

## 记账凭证

年 月 日　　　　记字第 号

| 摘 要 | 会计科目 | | 记账 | 借方金额 | 记账 | 贷方金额 |
|---|---|---|---|---|---|---|
| | 一级科目 | 二级或明细科目 | | | | |
| 分配辅助生产费用 | 制造费用 | 基本生产车间 | | 31 051.20 | | |
| | 管理费用 | | | 7762.80 | | |
| | 生产成本 | 辅助生产成本 | | | | 38 814 |
| | | | | | | |
| | | | | | | |
| | | | | | | |
| 合 计 | | | | 38 814 | | 38 814 |

## 记账凭证

年 月 日　　　　记字第 号

| 摘 要 | 会计科目 | | 记账 | 借方金额 | 记账 | 贷方金额 |
|---|---|---|---|---|---|---|
| | 一级科目 | 二级或明细科目 | | | | |
| 分配制造费用 | 生产成本 | 基本生产成本(甲产品) | | 169 974 | | |
| | | 基本生产成本(乙产品) | | 72 847.20 | | |
| | 制造费用 | 基本生产车间 | | | | 242 821.20 |
| | | | | | | |
| | | | | | | |
| | | | | | | |
| 合 计 | | | | 242 821.20 | | 242 821.20 |

## 记账凭证

年　月　日　　　　　　　　　　记字第　　号

| 摘要 | 会计科目 | | 记账 | 借方金额 | 记账 | 贷方金额 |
|---|---|---|---|---|---|---|
| | 一级科目 | 二级或明细科目 | | | | |
| 结转完工产品成本 | 库存商品 | 甲产品 | | 731 484.80 | | |
| | | 乙产品 | | 415 069.20 | | |
| | 生产成本 | 基本生产成本(甲产品) | | | | 731 484.80 |
| | | 基本生产成本(乙产品) | | | | 415 069.20 |
| | | | | | | |
| | | | | | | |
| 合计 | | | | 1 146 554 | | 1 146 554 |

## 记账凭证

年　月　日　　　　　　　　　　记字第　　号

| 摘要 | 会计科目 | | 记账 | 借方金额 | 记账 | 贷方金额 |
|---|---|---|---|---|---|---|
| | 一级科目 | 二级或明细科目 | | | | |
| | | | | | | |
| | | | | | | |
| | | | | | | |
| | | | | | | |
| | | | | | | |
| | | | | | | |
| 合计 | | | | | | |

# 第八章　分批法

## 自测题

【目标1-1】C
【目标2-1】B
【目标2-2】A
【目标3-1】BCD

## 练习题

一、单项选择题
1.C；2.A；3.C；4.B；5.C；6.B
二、多项选择题
1.ABCD；2.BCD；3.ACD；4.ABCD；5.AB
三、判断题
1.对；2.对；3.错；4.错；5.错
四、简述题
【目标2-1】简述分批法的概念及特点。

答：分批法是指以产品的批别或订单作为成本计算对象，归集生产费用，计算产品成本的一种方法。分批法也称订单法。其特点如下：

1.以产品批别或对象为成本计算对象；
2.成本计算不定期；
3.一般不需要在月末分配在产品成本。

【目标3-1】简述分批法成本计算程序。

答：1.开设成本明细账；
2.归集生产费用；
3.计算完工产品成本。

【目标4-1】简述简化分批法的概念及特点。

答：简化分批法也叫不分批计算在产品成本的分批法或累计间接费用分配法，是按产品批别设立明细账，但在产品完工之前，账内只需按月登记直接计入费用（如原材料）和加工工时，不必分配间接费用（如加工费用），计算该批在产品成本；只有在产品完工的那个月份，才分配间接费用，计算完工产品成本。其特点如下：

1.必须设立基本生产成本二级账；
2.不分批计算在产品成本；
3.通过计算累计间接费用分配率分配间接费用。

【目标4-2】简述简化分批法的适用范围。

答:简化分批法适用于的企业应有以下几个特点:

1.各月投产的批数很多;

2.月末未完工批数也较多;

3.各月份间接费用水平相差不大。

【目标4-3】简述简化分批法的计算程序。

答:1.按产品批别设立"产品成本明细账";

2.必须设置基本生产成本的二级账;

3.如果某批号有完工产品,应分成本项目计算间接费用的累计分配率;

4.分成本项目计算完工批别产品应分配的间接费用,并计入到完工批别产品成本计算单中。

五、综合成本核算题

【目标4-1】练习同批产品同月完工的分批法

一、资料:20××年6月,601批号乙产品的成本资料在其成本明细账中列示,7月份有关资料如下:

1.各批产品的生产情况见表8-1

表8-1 各批产品的生产情况

| 产品批号 | 产品名称 | 开工时期 | 投产量(台) | 完工产量(台) | | 本月消耗工时(小时) |
|---|---|---|---|---|---|---|
| | | | | 6月 | 7月 | |
| 601 | 乙产品 | 6月 | 22 | | 22 | 2250 |
| 602 | 丙产品 | 7月 | 15 | | | 1500 |

2. 7月份各批产品消耗原材料的情况:601批产品消耗原材料59 400元;602批产品消耗原材料14 250元。

3. 7月份所归集的生产工人工资为6000元,制造费用明细账归集的制造费用为9000元。

二、要求:

1.生产工人工资按生产工时在各批产品之间进行分配,该厂直接人工成本分配见表8-2;制造费用按生产工时比例在各批产品之间进行分配,该厂制造费用分配表见表8-3。

表8-2 直接人工成本分配表

| 产品批别 | 产品名称 | 工时(小时) | 分配率 | 直接人工(元) |
|---|---|---|---|---|
| 601 | 乙产品 | 2250 | 1.6 | 3600 |
| 602 | 丙产品 | 1500 | 1.6 | 2400 |
| 合计 | | 3750 | 1.6 | 6000 |

## 表 8-3 制造费用分配表

| 产品批号 | 产品名称 | 工时(小时) | 分配率 | 制造费用(元) |
|---|---|---|---|---|
| 601 | 乙产品 | 2250 | | 5400 |
| 602 | 丙产品 | 1500 | | 3600 |
| 合计 | | 3750 | 2.4 | 9000 |

2.根据上述资料及直接人工、制造费用分配表登记各批产品成本明细账。各批产品成本明细账见表8-4、表8-5。

## 表 8-4 基本生产成本明细账

批号:601　　开工日期:20××年6月

产品名称:乙产品　　批量:22台　　完工日期:20××年7月

单位:元

| 日期 | 摘要 | 直接材料 | 直接人工 | 制造费用 | 合计 |
|---|---|---|---|---|---|
| 6 月 | 本月生产费用 | 72 600 | 4100 | 2520 | 79 220 |
| 7 月 | 本月生产费用 | 59 400 | 3600 | 5400 | 68 400 |
| | 完工产品总成本 | 132 000 | 7700 | 7920 | 147 620 |
| | 单位成本 | 6000 | 350 | 360 | 6710 |

## 表 8-5 基本生产成本明细账

批号:602　　开工日期:20××年7月

产品名称:丙产品　　批量:15台　　完工日期:

单位:元

| 日期 | 摘要 | 直接材料 | 直接人工 | 制造费用 | 合计 |
|---|---|---|---|---|---|
| 7 月 | 本月生产费用 | 14 250 | 2400 | 3600 | 20 250 |

注:单位成本保留小数点后两位小数。

3.根据上述成本明细账做结转完工产品成本的会计分录。

借:库存商品——乙产品　147 620

　贷:生产成本　147 620

【目标4-2】练习同批产品跨月陆续完工的分批法

一、资料:某企业生产类型为单件小批,产品成本计算采用分批法。8月接到一张订单,订购甲产品20件，生产批号为806号，8月20号投产。9月份完工10件，10月份完工另外的10件。该企业在每批产品全部完工前，按计划成本结转跨月陆续完工的产品成本。

二、要求：

1.按产品批别设置基本生产成本明细账，见表8-6。

## 表8-6 基本生产成本明细账

批号：806　　　　　　　　　　　　　　　　　　投产日期：8月20日

产品名称：甲产品　　　　　　批量：20件　　　　　　完工日期：10月30日

单位：元

| 年 | | 摘要 | 直接材料 | 直接人工 | 制造费用 | 合计 |
|---|---|---|---|---|---|---|
| 月 | 日 | | | | | |
| 8 | 31 | 8月份分配转入费用 | 16 380 | 3780 | 5040 | 25 200 |
| 9 | 30 | 9月份分配转入费用 | 15 568 | 3595 | 4787 | 23 950 |
| | 30 | 9月份累计发生额 | 31 948 | 7375 | 9827 | 49 150 |
| | 30 | 按计划成本转出10件成本 | 24 690 | 3690 | 5010 | 33 390 |
| | 30 | 月末余额 | 7258 | 3685 | 4817 | 15 760 |
| 10 | 31 | 10月份分配转入费用 | 9945 | 2295 | 3060 | 15 300 |
| | 31 | 10月份累计发生额 | 17 203 | 5980 | 7877 | 31 060 |
| | 31 | 10月份转出10件成本 | 17 203 | 5980 | 7877 | 31 060 |
| | 31 | 本批完工产品总成本 | 41 893 | 9670 | 12 887 | 64 450 |
| | 31 | 本批完工产品单位成本 | 2094.65 | 483.5 | 644.35 | 3222.5 |

2.计算9月份该批产品完工10件的成本。甲产品计划单位成本为3339元，其中，直接材料2469元，直接人工369元，制造费用501元。

3.计算10月份该批产品完工10件的成本。

4.10月份全部完工时，计算完工产品总成本和单位成本。

结果如上表。计算过程略。

【目标4-3】练习简化的分批法

一、资料：

某企业小批量生产多种铸铁产品，产品批数多，为简化成本计算工作，采用简化的分批法。该企业5月份各批产品的情况见表8-7。

## 表 8-7　某企业生产情况表

| 批号 | 产品名称 | 投入产量 | 本月完工数量 | 月末在产品数量 |
|---|---|---|---|---|
| ZTJ501 | 甲产品 | 4 月投产 100 件 | 100 件 | |
| ZTJ502 | 乙产品 | 4 月投产 10 件 | 10 件 | |
| ZTJ503 | 丙产品 | 5 月投产 30 件 | | 30 件 |

各批产品均为一次投料方式。

各批产品期初余额和生产工时资料见表8-8、表8-9、表8-10。

各批产品本月发生的原材料成本和生产工时资料见表8-8、表8-9、表8-10、表8-11。

## 表 8-8　基本生产成本二级账

| 年 | | 摘要 | 直接材料（元） | 生产工时（小时） | 直接人工（元） | 制造费用（元） | 合计（元） |
|---|---|---|---|---|---|---|---|
| 月 | 日 | | | | | | |
| 5 | 1 | 期初余额 | 30 000 | 6600 | 19 000 | 10 680 | 59 680 |
| | 31 | 本月发生额 | 15 000 | 6200 | 13 000 | 9800 | 37 800 |
| | 31 | 累计 | 45 000 | 12 800 | 32 000 | 20 480 | 97 480 |
| | 31 | 累计间接费用分配率 | | | 2.5 | 1.6 | |
| | 31 | 本月完工产品成本转出 | 35 000 | 11 600 | 29 000 | 18 560 | 82 560 |
| | | 余额 | 10 000 | 1200 | 3000 | 1920 | 14 920 |

## 表 8-9　基本生产成本明细账

生产批号：ZTJ501　　投产日期：4月

产品名称：甲产品　　完工日期：5月

生产批量：100件

| 年 | | 摘 要 | 直接材料（元） | 生产工时（小时） | 直接人工（元） | 制造费用（元） | 合计（元） |
|---|---|---|---|---|---|---|---|
| 月 | 日 | | | | | | |
| 5 | 1 | 期初余额 | 25 000 | 5600 | | | |
| | 31 | 本月发生额 | 0 | 2400 | | | |
| | 31 | 累计 | 25 000 | 8000 | | | |
| | 31 | 累计间接费用分配率 | 25 000 | 8000 | 2.5 | 1.6 | |
| | 31 | 本月产品成本 | 25 000 | 8000 | 20 000 | 12 800 | 57 800 |
| | 31 | 产品单位成本 | 2500 | | 2000 | 1280 | 5780 |

## 表 8-10 基本生产成本明细账

生产批号:ZTJ502　　　　投产日期:4月
产品名称:乙产品　　　　完工日期:5月
生产批量:10件

| 年 月 | 日 | 摘要 | 直接材料(元) | 生产工时(小时) | 直接人工(元) | 制造费用(元) | 合计(元) |
|---|---|---|---|---|---|---|---|
| 5 | 1 | 期初余额 | 5000 | 1000 | | | |
| | 31 | 本月发生额 | | 800 | | | |
| | 31 | 累计 | 5000 | 1800 | | | |
| | 31 | 累计间接费用分配率 | 10 000 | 3600 | 2.5 | 1.6 | |
| | 31 | 本月产品成本 | 10 000 | 3600 | 9000 | 5760 | 24 760 |
| | | 产品单位成本 | 1000 | | 900 | 576 | 2476 |

## 表 8-11 基本生产成本明细账

生产批号:ZTJ503　　　　投产日期:5月
产品名称:丙产品　　　　完工日期:
生产批量:30件

| 年 月 | 日 | 摘要 | 直接材料(元) | 生产工时(小时) | 直接人工(元) | 制造费用(元) | 合计(元) |
|---|---|---|---|---|---|---|---|
| 5 | 1 | 本月发生额 | 15 000 | 3000 | | | 1 5000 |
| | 31 | 累计 | 15 000 | 3000 | | | 15 000 |
| | 31 | 期末余额 | 15 000 | | | | 15 000 |

二、要求:

1.开设基本生产二级明细账,见表8-8,开设ZTJ501、ZTJ502、ZTJ503各批产品基本生产成本明细账,见表8-9、表8-10、表8-11。

2.月末计算累计间接计入费用分配率,计算各批完工产品应负担的间接费用。

累计间接计入费用分配率:

(1)累计直接人工费用分配率$=\frac{32\ 000}{12\ 800}=2.5$

(2)累计制造费用分配率$=\frac{20\ 480}{12\ 800}=1.6$

(3)计算甲、乙两批完工产品总成本和单位成本,并计入两批产品成本明细账。

甲完工产品总成本=25 000+2.5×8000+1.6×8000=57 800

单位成本=$\frac{57\ 800}{100}$=5780

乙完工产品总成本=10 000+2.5×3600+1.6×3600=24 760

单位成本=$\frac{24\ 760}{10}$=2476

# 第9章　分步法

## 自测题

【目标1–1】C

【目标2–1】A

【目标3–1】D

【目标5–1】ABCD

## 练习题

一、单项选择题

1.D；2.D；3.A；4.B；5.B；6.B；7.A；8.C；9.B；10.C

二、多项选择题

1.AB；2.ABC；3.ABCD；4.AB；5.BD

三、判断题

1.错；2.对；3.错；4.对；5.错；6.对；7.对；8.错；9.对；10.对

四、会计名词解释

【目标1–1】分步法

答：分步法是指以产品生产步骤和产品品种为成本计算对象，来归集和分配生产费用、计算产品成本的一种方法。

【目标3–1】逐步结转分步法

答：逐步结转分步法也称顺序结转分步法，它是按照产品连续加工的先后顺序，根据生产步骤所汇集的成本费用和产量记录，计算自制半成品成本，自制半成品成本随着半成品在各加工步骤之间移动而顺序结转的一种方法。

【目标3–2】平行结转分步法

答：平行结转分步法指半成品成本并不随半成品实物的转移而结转，而是在哪一步骤发生就留在该步骤的成本明细账内，直到最后加工成产成品，才将其成本从各步骤的成本明细账转出的方法。

【目标3–3】综合结转分步法

答：综合结转分步法，是将各生产步骤所耗用的半成品成本，综合记入各该步骤产品成本明细账的“直接材料”或专设的“自制半成品”成本项目中。

【目标3-4】分项结转分步法

答：分项结转分步法是指将上步骤半成品成本按各成本项目的实际金额分别计入下步骤的相对应的各成本项目。由于这种方法各成本项目的金额不相互混淆，因此不必进行成本还原。

五、简述题

【目标2-1】简述分步法的特点。

答：1.成本计算对象是产品各生产步骤的半成品和最终完工产品；

2.成本计算期与会计报告期一致，按月定期计算各种产品成本；

3.费用在完工产品与在产品之间的分配。成本计算一般是按月进行，与生产周期不一致，因此，需要采用适当的分配方法，将汇集在生产成本明细账中的生产费用在完工产品与在产品之间进行分配。

【目标4-1】简述逐步结转分步法的特点及适用范围。

答：①逐步结转法的特点

1.成本计算对象是最终完工产品和各步骤的半成品。

2.成本计算期与会计报告期一致，成本计算按月定期进行；连续式复杂生产下必然进行大批量生产，无法划分生产周期，只能以每月作为成本计算期。

3.必须分步骤确定在产品成本，计算半成品成本和最终完工产品成本。

4.月末需采用一定的方法结转各步骤的半成品成本，半成品成本结转方法主要有综合结转和分项结转两种方法。

②逐步结转法的适用范围

1.半成品可对外销售或半成品虽不对外销售但须进行成本比较、考核的企业。

2.半成品同时转作几种产成品原料的企业。

3.半成品作为继续加工材料，为该产品的下一生产步骤所领用，其成本与实物流转同时进行的企业。

【目标3-1】简述综合结转法和分项结转法各自的优缺点。

答：(1)综合结转法的优缺点

①优点：可以在各生产步骤的产品成本明细账中反映各该步骤完工产品所耗半成品费用的水平和本步骤加工费用的水平，有利于各个生产步骤的成本管理。

②缺点：为了从整个企业的角度反映产品成本的构成，加强企业综合的成本管理，必须进行成本还原，从而要增加核算工作量。因此，这种结转方法只适宜在半成品具有独立的国民经济意义、管理上要求计算各步骤完工产品所耗半成品费用，但不要求进行成本还原的情况下采用。

(2)分项结转法的优缺点

①优点：采用分项结转法结转半成品成本，可以直接、正确地提供按原始成本项目反映的企业产品成本资料，便于从整个企业的角度考核和分析产品成本计划的执行情况，不需要进行成本还原。

②缺点：这一方法的成本结转工作比较复杂，而且在各步骤完工产品成本中看不出所耗

上一步骤半成品费用是多少,本步骤加工费用是多少,不便于进行各步骤完工产品的成本分析。

【目标8-1】简述平行结转分步法的特点。

1.成本计算对象是最终完工产品;

2.成本计算期是每月的会计报告期,这是由大批量生产的组织特点所决定的;

3.半成品实物流转与半成品成本的结转相分离。

【目标8-2】简述逐步结转分步法与平行结转分步法的区别。

1.根本区别:逐步结转分步法要求各步骤计算出半成品成本,由最后一步计算出完工产品成本,所以又称为"半成品成本法"。 平行结转分步法各步骤只计算本步骤生产费用应记入产成品成本的"份额",最后将各步骤应记入产成品成本的"份额"平行汇总,计算出最终完工产品的成本。因此,又称为"不计算半成品成本法"。

2.在产品概念不同:逐步结转分步法所指的在产品是指本步骤尚未完工,仍需要在本步骤继续加工的在产品,是狭义的在产品。平行结转分步法所指的在产品,是指本步骤尚未完工以及后面各步骤仍在加工,尚未最终完工的在产品,是广义的在产品。

3.完工产品的概念不同:逐步结转分步法所指的完工产品,是指各步骤的完工产品,通常是半成品,只有最后步骤的完工产品才是产成品,是广义的完工产品。由于半成品成本随实物的转移而转移,所以,最后步骤完工产品成本就是产成品成本。平行结转分步法所指的完工产品,是指最后步骤的完工产品,是狭义的完工产品。完工产品的成本由各步骤平行转出的"份额"汇总而成。

4.成本费用的结转和计算方法不同:逐步结转分步法的成本费用,随半成品的转移而结转到下一步骤的生产成本费用中去,即成本费用随实物的转移而转移;因此,各步骤生产的成本费用既包括本步骤发生的费用,还包括上一步骤转来的费用。产品在最后步骤完工时计算出来的成本,就是完工产品成本。平行结转分步法的生产费用,并不随半成品的转移而转入下一步骤;因此,各步骤生产的成本费用仅是本步骤发生的成本费用。产品最终完工时,各步骤将产成品在本步骤应承担的成本费用"份额"转出,并由此汇总出完工产品成本。

六、综合成本核算题

【目标6-1】练习综合逐步结转分步法

一、资料:某企业是大量大批连续式多步骤生产企业。甲产品分两个生产步骤,分别由两个生产车间进行生产。第一车间生产甲半成品交半成品仓库验收;第二车间所耗甲半成品成本按加权平均单位成本计算,两个车间的月末在产品都按定额成本进行计价。成本计算采用逐步结转分步法。

有关资料如表9-1。

半成品库期初结存20件,实际成本10 200元;第一车间完工半成品90件,第二车间本月领用半成品100件,完工产成品100件。

## 表 9–1

单位:元

| 车间 | 项目 | 直接材料 | 直接人工 | 制造费用 | 合计 |
|---|---|---|---|---|---|
| 第一车间 | 期初在产品成本(定额成本) | 8560 | 2800 | 1580 | 12 940 |
| | 本月发生费用 | 27 372 | 6843 | 11 405 | 45 620 |
| | 月末在产品成本(定额成本) | 5000 | 600 | 900 | 6500 |
| 第二车间 | 期初在产品成本(定额成本) | 7150 | 1650 | 2200 | 11 000 |
| | 本月发生费用 | | 3840 | 4800 | |
| | 月末在产品成本(定额成本) | 5900 | 1200 | 1700 | 8800 |

二、要求:

1.根据上述资料,在表9–2中计算第一车间完工半成品成本。

## 表 9–2　产品成本计算单

第一车间:甲半成品　　　　年　月

产量:90件　　　　单位:元

| 项目 | 直接材料 | 直接人工 | 制造费用 | 合计 |
|---|---|---|---|---|
| 期初在产品成本 | 8560 | 2800 | 1580 | 12 940 |
| 本月发生费用 | 27 372 | 6843 | 11 405 | 45 620 |
| 合计 | 35 932 | 9643 | 12 985 | 58 560 |
| 本月完工产品成本 | 30 932 | 9043 | 12 085 | 52 060 |
| 月末在产品成本(定额成本) | 5000 | 600 | 900 | 6500 |

3.编制甲半成品完工入库的记账凭证,登记自制半成品明细账——表9–3。

## 记账凭证

年　月　日　　　　记字第　　号

| 摘要 | 会计科目 | | 记账 | 借方金额 | 记账 | 贷方金额 |
|---|---|---|---|---|---|---|
| | 一级科目 | 二级或明细科目 | | | | |
| 完工产品入库 | 自制半成品 | | | 52 060 | | |
| | 生产成本 | | | | | 52 060 |
| | | | | | | |
| | | | | | | |
| | | | | | | |
| | | | | | | |
| 合 计 | | | | 52 060 | | 52 060 |

## 表 9–3　自制半成品明细账

产品名称:甲半成品　　　　　　　　　　　　　　　　　　　　　年　月

计量单位:件　　　　　　　　　　　　　　　　　　　　　　　　单位:元

| 摘要 | 收入 | | | 发出 | | | 结存 | | |
|---|---|---|---|---|---|---|---|---|---|
| | 数量 | 单价 | 金额 | 数量 | 单价 | 金额 | 数量 | 单价 | 金额 |
| 期初余额 | | | | | | | 20 | 510 | 10 200 |
| 第一车间入库 | 90 | 578.44 | 52 060 | | | | 110 | 566 | 62 260 |
| 第二车间领用 | | | | 100 | 566 | 56 600 | 10 | 566 | 5660 |
| | | | | | | | | | |

4.编制领用第二车间甲半成品的记账凭证,登记自制半成品明细账和第二车间成本计算单(表9–4)。

## 记账凭证

年　月　日　　　　　　　　　　　　　　　记字第　　号

| 摘要 | 会计科目 | | 记账 | 借方金额 | 记账 | 贷方金额 |
|---|---|---|---|---|---|---|
| | 一级科目 | 二级或明细科目 | | | | |
| 领用甲半成品 | 生产成本 | | | 56 600 | | |
| | 自制半成品 | | | | | 56 600 |
| | | | | | | |
| | | | | | | |
| | | | | | | |
| | | | | | | |
| 合计 | | | | 56 600 | | 56 600 |

## 表 9–4 产品成本计算单

第二车间:甲产品　　　　　　　　　　　　　　　　　　　　　　　　　　年　月

产量:100件　　　　　　　　　　　　　　　　　　　　　　　　　　　单位:元

| 项 目 | 自制半成品 | 直接人工 | 制造费用 | 合计 |
|---|---|---|---|---|
| 期初在产品成本 | 7150 | 1650 | 2200 | 11 000 |
| 本月发生费用 | 56 600 | 3840 | 4800 | 65 240 |
| 合 计 | 63 750 | 5490 | 7000 | 76 240 |
| 本月完工产品成本 | 57 850 | 4290 | 5300 | 67 440 |
| 月末在产品成本(定额成本) | 5900 | 1200 | 1700 | 8800 |

5.结转完工甲产成品成本。

## 记账凭证

年　月　日　　　　　　　　　　　　　　　记字第　　号

| 摘要 | 会计科目 | | 记账 | 借方金额 | 记账 | 贷方金额 |
|---|---|---|---|---|---|---|
| | 一级科目 | 二级或明细科目 | | | | |
| 完工入库 | 库存商品 | | | 67 440 | | |
| | 生产成本 | | | | | 67 440 |
| | | | | | | |
| | | | | | | |
| | | | | | | |
| 合 计 | | | | 67 440 | | 67 440 |

【目标8】练习平行结转分步法

一、资料:某制造公司生产的丁产品经过三个车间连续加工制成,第一车间生产D半成品,直接转入二车间加工制成H半成品,H半成品直接转入三车间加工成丁产成品。其中,1件丁产品耗用1件H半成品,1件H半成品耗用1件D半成品。原材料于第一车间生产开始时一次投入,第二车间和第三车间不再投入材料。各车间月末在产品完工率均为50%。各车间生产费用在完工产品和在产品之间的分配采用约当产量法。

(一)本月各车间产量资料见表9–5。

## 表 9–5　各车间产量资料表

单位:件

| 摘要 | 第一车间 | 第二车间 | 第三车间 |
| --- | --- | --- | --- |
| 月初在产品数量 | 20 | 50 | 40 |
| 本月投产数量或上步转入 | 180 | 160 | 180 |
| 本月完工产品数量 | 160 | 180 | 200 |
| 月末在产品数量 | 40 | 30 | 20 |

(二) 各车间月初及本月费用资料见表9–6。

## 表 9–6　各车间月初及本月费用

单位:元

| 摘要 | | 直接材料 | 直接人工 | 制造费用 | 合计 |
| --- | --- | --- | --- | --- | --- |
| 第一车间 | 月初在产品成本 | 1 000 | 60 | 100 | 1160 |
| | 本月的生产费用 | 18 400 | 2200 | 2400 | 23 000 |
| 第二车间 | 月初在产品成本 | | 200 | 120 | 320 |
| | 本月的生产费用 | | 3200 | 4800 | 8000 |
| 第三车间 | 月初在产品成本 | | 180 | 160 | 340 |
| | 本月的生产费用 | | 3450 | 2550 | 6000 |

下面采用平行结转法计算丁产品的生产成本,计算过程如下:

1. 编制各生产步骤的约当产量的计算表,见表9–7。

## 表 9–7　各生产步骤约当产量的计算表

单位:件

| 摘要 | 直接材料 | 直接人工 | 制造费用 |
| --- | --- | --- | --- |
| 第一车间步骤的约当产量 | (200+20+30+40=)290 | (200+20+30+40×50%=)270 | 270 |
| 第二车间步骤的约当产量 | (200+20+30=)250 | (200+20+30×50%=)235 | 235 |
| 第三车间步骤的约当产量 | (200+20=)220 | (200+20×50%=)210 | 210 |

2.编制各生产步骤的成本计算单,见表9–8、表9–9、表9–10。

## 表9–8 产品成本计算单

车间:第一车间　　品名:丁产品(D半成品)　　单位:元

| 摘要 | 直接材料 | 直接人工 | 制造费用 | 合计 |
|---|---|---|---|---|
| 月初在产品成本 | 1000 | 60 | 100 | 1160 |
| 本月发生费用 | 18 400 | 2200 | 2400 | 23 000 |
| 合计 | 19 400 | 2260 | 2500 | 24 160 |
| 第一步骤的约当产量 | 290 | 270 | 270 | |
| 分配率 | 66.90 | 8.37 | 9.26 | |
| 应计入产成品成本份额 | 13 380 | 1674 | 1852 | 16 906 |
| 月末在产品成本 | 6020 | 586 | 648 | 7254 |

## 表9–9 产品成本计算单

车间:第二车间　　品名:丁产品(H半成品)　　单位:元

| 摘要 | 直接人工 | 制造费用 | 合计 |
|---|---|---|---|
| 月初在产品成本 | 200 | 120 | 320 |
| 本月发生费用 | 3200 | 4800 | 8000 |
| 合 计 | 3400 | 4920 | 8320 |
| 第二步骤约当产量 | 235 | 235 | |
| 分配率 | 14.47 | 20.94 | |
| 应计入产成品成本份额 | 2094 | 4188 | 7082 |
| 月末在产品成本 | 506 | 732 | 1238 |

表 9-10　产品成本计算单

车间:第三车间　　　　品名:丁产品　　　　单位:元

| 摘要 | 直接人工 | 制造费用 | 合计 |
|---|---|---|---|
| 月初在产品成本 | 180 | 160 | 340 |
| 本月发生费用 | 3450 | 2550 | 6000 |
| 合 计 | 3630 | 2710 | 6340 |
| 第三步骤约当产量 | 210 | 210 | |
| 分配率 | 17.29 | 12.9 | |
| 应计入产成品成本份额 | 3458 | 2580 | 6038 |
| 月末在产品成本 | 172 | 130 | 302 |

3. 编制产品成本汇总表,表9-11。

表 9-11　产品成本汇总计算表

产品名称:丁产品　　　　单位:元

| 项目 | 数量 | 直接材料 | 直接人工 | 制造费用 | 总成本 | 单位成本 |
|---|---|---|---|---|---|---|
| 第一车间 | | 13 380 | 1674 | 1852 | 16 906 | 84.53 |
| 第二车间 | | | 2894 | 4188 | 7082 | 35.41 |
| 第三车间 | | | 3458 | 2580 | 6038 | 30.19 |
| 合计 | 200 | 13 380 | 8026 | 8620 | 30 026 | 150.13 |

# 第十章　产品成本计算的辅助方法

## 自测题

【目标1-1】ACD

【目标1-2】A

【目标2-1】B

## 练习题

一、单项选择题

1.D;2.A;3.B;4.D;5.A

二、多项选择题

1.ABCD;2.ABC;3.AD;4.ABCD;5.BCD

三、判断题

1.错;2.对;3.对;4.对;5.错;6.错

四、会计名词解释

【目标1】分类法

答:分类法是产品成本计算的基本方法的简化应用,它是以企业产品的类别为成本计算对象,计算出各类产品成本后,再按照一定的方法,将归集的生产费用在同类产品中分配,计算出各类产品成本的一种方法。

【目标2-1】定额法

答:又称定额成本法,是指以事先制定的产品定额成本为控制标准,在生产费用发生时,及时计算和提供实际生产费用脱离定额的差异,并在定额成本的基础上加减差异额计算产品实际成本的一种方法。

【目标2-2】脱离成本差异

答:在定额法下,由于产品实际成本的计算是以定额成本为基础,并且实际成本往往与定额成本不一致,两者所产生的差异就是脱离定额差异。

【目标2-3】定额变动差异

答:定额变动差异是指因产品消耗定额或各种消耗的计划单价的修订而引起的,月初在产品原定额成本与按新定额计算的定额成本之间的差额。

【目标3】联产品

答:联产品是指企业在同一生产过程中,利用同一种原材料进行加工,同时生产出两种以上的主要产品。

五、简述题

【目标1】简述分类法的特点,它适用于哪些企业?

答:分类法的特点:

(1)以产品类别作为成本计算对象;

(2)类内各种产品的成本按一定标准分配确定;

(3)类内产品采用的费用分配标准可以多样化。

成本计算的分类法主要适用于产品品种、规格繁多,其产品可以按照一定的标准划分为若干类别的生产企业。如钢铁厂的产品可以分为圆钢、方钢、角钢三类来计算成本。

【目标2-1】简述脱离定额差异与定额变动差异的区别。

答:主要是概念上的区别。由于产品实际成本的计算是以定额成本为基础,并且实际成本往往与定额成本不一致,两者所产生的差异就是脱离定额差异。而定额变动差异是指因产品消耗定额或各种消耗的计划单价的修订而引起的，月初在产品原定额成本与按新定额计算的定额成本之间的差额。

【目标2-2】简述分类法与定额法的区别。

答：(1)从概念上，分类法是产品成本计算的基本方法的简化应用，它是以企业产品的类别为成本计算对象，计算出各类产品成本后，再按照一定的方法，将归集的生产费用在同类产品中分配，计算出各类产品成本的一种方法。定额法是指以事先制定的产品定额成本为控制标准，在生产费用发生时，及时计算和提供实际生产费用脱离定额的差异，并在定额成本的基础上加减差异额计算产品实际成本的一种方法。

(2)从适用范围上，分类法主要适用于产品品种、规格繁多，其产品可以按照一定的标准划分为若干类别的生产企业。而定额法作为一种与企业生产类型无直接联系的成本计算方法，适用于产品品种不多，规格、型号、工艺加工过程比较稳定，在管理上要求对产品成本做事先规划、事中控制的各类企业。

【目标3-1】什么是副产品?

答：副产品是指企业在同一生产过程中生产出主要产品的同时，附带生产出的一些非主要产品。副产品不是企业生产的主要产品，但这些副产品有一定的经济用途和经济价值，能够满足社会上某一方面的需求。例如，炼油厂在提炼原油的过程中所产生的石焦油、油渣，制皂生产中产生的甘油。

【目标3-2】简述副产品与联产品的联系与区别。

答：联系：企业的副产品和联产品是在同一生产过程生产出来的。

区别：各种联产品都是主要产品，而副产品是指企业在同一生产过程中生产出主要产品的同时，附带生产出的一些非主要产品。一般情况下副产品单位价值都比较低，在企业全部产品中占的比重较小。

六、综合成本核算题

【目标 1】练习产品成本计算的分类法

一、资料：某制造企业大量生产 A、B 两类产品，因各类产品的规格较多，所以，成本计算采用分类法，每一类产品的月末在产品按所耗原材料定额成本计算，所以只计算直接材料项目。各类不同规格产品成本计算，按计划单位成本作为分配标准，A 类产品以 $A_2$ 作为标准产品，B 类产品以 $B_1$ 作为标准产品，它们的系数分别确定为 1。

该企业某月份有关成本资料见表 10-1、表 10-2。

## 表 10-1 产品成本明细账

| 产品类别 | 型号 | 产量(件) | 计划单位成本(元) |
|---|---|---|---|
| A 类 | $A_1$ | 1500 | 15 |
| | $A_2$ | 1800 | 14 |
| | $A_3$ | 800 | 12 |
| | $A_4$ | 1000 | 16 |
| B 类 | $B_1$ | 1600 | 15 |
| | $B_2$ | 1200 | 18 |
| | $B_3$ | 1100 | 16.60 |
| | $B_4$ | 1400 | 21 |

## 表 10-2 成本资料

单位:元

| 产品类别 | 月初在产品成本 | 本月发生费用 | | | 月末在成品成本（定额成本） |
|---|---|---|---|---|---|
| | （定额成本） | 直接材料 | 直接人工 | 制造费用 | |
| A 类 | 1400 | 65 600 | 12 000 | 6500 | 3000 |
| B 类 | 3850 | 94 000 | 13 500 | 7500 | 8700 |
| 合计 | 5250 | 159 600 | 25 500 | 14 000 | 11 700 |

二、要求：

1.根据以上资料登记各类产品成本明细账(表 10-3、表 10-4)。

## 表 10-3 产品成本明细账

产品类别:A类　　单位:元

| 成本项目 | 直接材料 | 直接人工 | 制造费用 | 合计 |
|---|---|---|---|---|
| 月初在产品成本 | 1400 | | | 1400 |
| 本月发生费用 | 65 600 | 12 000 | 6500 | 84 100 |
| 合 计 | 67 000 | 12 000 | 6500 | 85 500 |
| 结转完工产品成本 | 64 000 | 12 000 | 6500 | 82 500 |
| 月末在产品成本 | 3000 | | | 3000 |

## 表 10–4　产品成本明细账

产品类别:B类　　单位:元

| 成本项目 | 直接材料 | 直接人工 | 制造费用 | 合 计 |
|---|---|---|---|---|
| 月初在产品成本 | 3850 | | | 3850 |
| 本月发生费用 | 94 000 | 13 500 | 7500 | 115 000 |
| 合 计 | 97 850 | 13 500 | 7500 | 118 850 |
| 结转完工产品成本 | 89 150 | 13 500 | 7500 | 110 150 |
| 月末在产品成本 | 8700 | | | 8700 |

2.编制各类产品系数折算表(表10–5)。

## 表 10–5　各类产品系数折算表

| 产品类别 | 型 号 | 产量(件) | 计划单位成本(元) | 单位系数 | 总系数 |
|---|---|---|---|---|---|
| A 类 | $A_1$ | 1500 | 15 | 1.07 | 1605 |
| | $A_2$ | 1800 | 14 | 1 | 1800 |
| | $A_3$ | 800 | 12 | 0.86 | 688 |
| | $A_4$ | 1000 | 16 | 1.14 | 1140 |
| B 类 | $B_1$ | 1600 | 15 | 1 | 1600 |
| | $B_2$ | 1200 | 18 | 1.2 | 1440 |
| | $B_3$ | 1100 | 16.60 | 1.11 | 1221 |
| | $B_4$ | 1400 | 21 | 1.4 | 1960 |

3.编制各型号完工产品成本计算表(表10–6、表10–7)。

表 10-6　A 类各型号产品成本计算表

| 产品型号 | 总系数 | 分配率 | 产品总成本（元） | 产量（件） | 单位成本（元） |
|---|---|---|---|---|---|
| $A_1$ | 1605 | | 25 311 | 1500 | 16.87 |
| $A_2$ | 1800 | | 28 386 | 1800 | 15.77 |
| $A_3$ | 688 | | 10 850 | 800 | 13.56 |
| $A_4$ | 1140 | | 17 953 | 1000 | 17.95 |
| 合 计 | 5233 | 15.77 | 82 500 | | |

表 10-7　B 类各型号产品成本计算表

| 产品型号 | 总系数 | 分配率 | 产品总成本（元） | 产量（件） | 单位成本（元） |
|---|---|---|---|---|---|
| $B_1$ | 1600 | | 28 336 | 1600 | 17.71 |
| $B_2$ | 1440 | | 25 502 | 1200 | 21.25 |
| $B_3$ | 1221 | | 21 624 | 1100 | 19.66 |
| $B_4$ | 1960 | | 34 688 | 1400 | 24.78 |
| 合 计 | 6221 | 17.71 | 110 150 | | |

# 第十一章　成本报表的编制与分析

## 自测题

【目标1-1】ABC
【目标2-1】AB

## 练习题

一、单项选择题
1.B；2.C；3.D；4.A；5.D
二、多项选择题
1.AC；2.ACD；3.AE；4.AD

三、判断题

1.对;2.对;3.对;4.对;5.对

四、会计名词解释

【目标1-1】成本报表

答:成本报表是根据企业日常成本费用核算资料以及其他有关资料编制的,反映企业一定时期内产品成本和费用水平及其构成情况的报告文件,用于考核、分析企业费用预算和成本计划执行结果的内部会计报表。

【目标2-1】不可比产品

答:不可比产品是指以前年度或上年度未正常生产过的产品。

【目标2-2】可比产品

答:可比产品是指以前年度或上年度曾经生产过的产品。

【目标3-1】因素分析法

答:亦称连环替代法,是把构成成本指标的各个因素进行分解,按顺序替换比较的标准,分别测定各个因素变动对成本指标影响程度及方向的一种方法。

五、简述题

【目标1-1】成本报表的作用是什么?

答:成本是综合反映企业生产、技术和经营、管理水平的一项重要综合指标。首先,企业管理人员可以通过成本报表掌握企业一定时期内人力、物力和财力耗费的实际总水平和产品成本的构成情况,据以分析、考核企业成本、费用计划的执行情况,促使企业降低成本、节约费用从而提高企业的经济效益。其次,可以评价各职责部门成本管理业绩,揭示在生产、经营管理方面取得的成绩和存在的问题,进一步提高企业生产、经营管理水平。其三,成本报表提供的实际成本费用资料还可以为企业确定产品价格,进行成本和目标利润的预测,制定有关的生产经营决策,编制成本和利润计划提供重要数据。

【目标1-2】成本报表的编制要求是什么?

答:(1)遵循一贯性的原则,对成本的计算应保持前后会计期间的一致性,以便成本信息使用者正确利用。

(2)成本报表的编制要客观真实、报送及时。

(3)成本报表反映的内容要完整,计算要正确。

(4)企业设计成本报表时,除考虑企业管理者的需要外,还要实事求是,尽可能为企业的信息系统数据提供合理设计方案。

【目标1-3】成本报表的特点是什么?

答:(1)成本报表是服务于企业内部经营管理的报告文件。

(2)成本报表的项目内容和报表格式不统一。

(3)成本报表具有灵活和实用的特点。

【目标1-4】简述主要产品单位成本表的编制方法。

答:其编制方法是:

(1)基本部分的产品名称、规格、计量单位、产量根据有关产品成本计算单填列;

(2)产品单位成本的历史先进水平,根据本企业生产该种产品在历史上单位生产成本最低年度的成本计算资料填列;

(3)上年实际平均单位成本根据上年12月份本表中“本年累计实际平均”栏的数字填列;

(4)本年计划单位成本根据企业本年产品计划资料填列;

(5)本月实际单位成本根据本月“产品生产成本明细账”提供的资料填列;

(6)本年累计实际平均单位成本需要计算填列,结果等于该产品本年累计实际总成本除以该产品本年累计实际总产量。

六、综合成本核算题

【目标 2】东方机械厂设有两个基本生产车间,一车间生产甲产品,二车间生产乙、丙两种产品。其中甲、乙产品为可比产品,丙产品为不可比产品。该厂 12 月份有关成本资料如表 11-1 所示。

表 11-1　产品生产成本资料

| 项 目 | 可比产品(甲) | 可比产品(乙) | 不可比产品(丙) |
|---|---|---|---|
| 单位生产成本(元) | | | |
| 上年实际平均 | 290.00 | 212.00 | 145.00 |
| 本月实际 | 277.50 | 209.00 | 148.00 |
| 本年累计实际平均 | 286.50 | 208.50 | 146.50 |
| 生产量(件) | | | |
| 本月实际 | 90.00 | 105.00 | 60.00 |
| 本年累计实际 | 765.00 | 960.00 | 630.00 |

要求:(1)根据上述资料编制东方机械厂 12 月份产品生产成本表(表 11-2)。

(2)将本年实际与本年计划进行比较,评价企业成本工作的业绩。

（1）

## 表 11–2　产品生产成本表

编制单位：东方机械厂　　　　20××年12月　　　　单位：元

| 产品名称 | 实际产量 | | 单位成本 | | | | 本月总成本 | | | 本年累计总成本 | | |
|---|---|---|---|---|---|---|---|---|---|---|---|---|
| | 本月 | 本年累计 | 上年实际 | 本年计划 | 本月实际 | 本年累计实际平均 | 按上年实际平均单位成本 | 按本年计划单位成本 | 本月实际 | 按上年实际平均单位成本 | 按本年计划单位成本 | 本年实际 |
| | 1 | 2 | 3 | 4 | 5=9÷1 | 6=12÷2 | 7=1×3 | 8=1×4 | 9 | 10=2×3 | 11=2×4 | 12 |
| 可比产品合计 | | | | | | | 48 360 | 47310 | 46 920 | 425 370 | 416 175 | 419 332.50 |
| 其中 甲（件） | 90 | 765 | 290 | 283 | 277.50 | 286.50 | 26 100 | 25470 | 24 975 | 221 850 | 216 495 | 219 172.50 |
| 其中 乙（件） | 105 | 960 | 212 | 208 | 209 | 208.50 | 22 260 | 21840 | 21 945 | 203 520 | 199 680 | 200 160 |
| 不可比产品合计 | | | | | | | | 8718 | 8880 | | 91 539 | 92 295 |
| 丙（件） | 60 | 630 | | 145.30 | 148 | 146.50 | | 8718 | 8880 | | 91 539 | 92 295 |
| 全部产品 | | | | | | | | 56028 | 55 800 | 425 370 | 507 714 | 511 627.50 |

（2）甲产品的本年实际总成本比上年实际总成本低2677.50元，降低率为$\frac{2677.50}{22\ 185}\times100\%$=1.2%；比本年计划总成本高2677.50元，没有完成计划。

乙产品的本年实际总成本比上年实际总成本低3360元，降低率为1.65%；比本年计划总成本高480元，略超计划。

丙产品的本年实际成本比本年计划成本高756元，没有完成计划。

# 期末模拟考试试题（一）

## 一、单项选择题

1.C；2.C；3.A；4.C；5.A；6.A；7.C；8.C；9.B；10.C

## 二、多项选择题

1.ACD；2.BCD；3.ABD；4.BD；5.ACD；6.ABC；7.ABCD；8.AB；9.ABC；10.ABCD

## 三、名词解释题

1.成本会计:成本会计是指为了求得产品的总成本和单位成本而核算全部生产费用的会计。成本会计的中心内容为成本核算。

2.约当产量:约当产量是指将月末在产品实际数量,按其完工程度折合为完工产品的数量。

3.交互分配法:交互分配法是根据各辅助生产车间相互提供劳务的数量和交互分配前的费用分配率(单位成本)在辅助生产车间之间先进行一次交互分配,然后将各辅助生产车间交互分配后的实际费用(即交互分配前的费用加上交互分配转入的费用,减去交互分配转出的费用)按照提供劳务的数量,在辅助生产车间以外的各受益单位之间进行分配。

4.分步法:分步法是“产品成本计算分步法”的简称,是以产品生产步骤和产品品种为成本计算对象,来归集和分配生产费用、计算产品成本的一种方法。

5.成本还原:所谓成本还原,就是将产成品耗用各步骤半成品的综合成本,逐步分解还原为原来的成本项目。成本还原的方法是从最后步骤开始,将其耗用上步骤半成品的综合成本逐步分解,还原为原来的成本项目。

## 四、简答题

1.成本会计的职能是什么?

答:成本会计的职能是指成本会计在企业的生产经营活动中所能发挥的功能。现代成本会计的职能主要有如下7个方面:成本预测、成本决策、成本计划、成本控制、成本核算、成本分析和成本考核。

2.生产费用在完工产品与在产品之间分配的方法有哪些?

答:生产费用在完工产品与在产品之间分配的方法主要有七种:

不计算在产品成本法、按年初数固定计算在产品成本法、在产品按所耗原材料费用计价法、约当产量比例法、在产品按完工产品成本计算法、在产品按定额成本计价法和定额比例法。

3.产品成本计算的基本方法有哪些?其适用范围如何?

答:(1)品种法是以产品品种为产品计算对象,归集生产费用,计算产品成本的一种方法。品种法是产品成本计算方法中最基本的方法。品种法适用于单步骤大批量生产的产品及不要求分步骤提供产品成本信息的多步骤大批量生产的产品。

(2)分批法是指以产品的批别或订单作为成本计算对象,归集生产费用,计算产品成本的一种方法。分批法也称订单法。分批法适用于单件、小批生产的企业或车间。

(3)分步法是指以产品生产步骤和产品品种为成本计算对象,来归集和分配生产费用,计算产品成本的一种方法。分步法适用于连续、大量、多步骤生产的工业企业,如冶金、水泥、纺织、酿酒、砖瓦等企业。

4.简述逐步结转分步法与平行结转分步法的区别。

答:(1)根本区别:逐步结转分步法要求各步骤计算出半成品成本,由最后一步计算出完工产品成本，所以又称为“半成品成本法”。平行结转分步法各步骤只计算本步骤生产费用应记入产成品成本的“份额”，最后将各步骤应记入产成品成本的“份额”平行汇总，计算出最终完工产品的成本，因此，又称为“不计算半成品成本法”。

(2)在产品概念不同：逐步结转分步法所指的在产品是指本步骤尚未完工，仍需要在本步骤继续加工的在产品，是狭义的在产品。平行结转分步法所指的在产品，是指本步骤尚未完工以及后面各步骤仍在加工，尚未最终完工的在产品，是广义的在产品。

(3)完工产品的概念不同：逐步结转分步法所指的完工产品，是指各步骤的完工产品，通常是半成品，只有最后步骤的完工产品才是产成品，是广义的完工产品。由于半成品成本随实物的转移而转移，所以，最后步骤完工产品成本就是产成品成本。平行结转分步法所指的完工产品，是指最后步骤的完工产品，是狭义的完工产品。完工产品的成本由各步骤平行转出的“份额”汇总而成。

(4)成本费用的结转和计算方法不同：逐步结转分步法的成本费用，随半成品的转移而结转到下一步骤的生产成本费用中去，即成本费用随实物的转移而转移；因此，各步骤生产的成本费用既包括本步骤发生的费用，还包括上一步骤转来的费用。产品在最后步骤完工时计算出来的成本，就是完工产品成本。平行结转分步法的生产费用，并不随半成品的转移而转入下一步骤；因此，各步骤生产的成本费用仅是本步骤发生的成本费用。产品最终完工时，各步骤将产成品在本步骤应承担的成本费用“份额”转出，并由此汇总出完工产品成本。

5.简述定额比例法与定额成本法在进行费用分配时的区别。

答：定额比例法是指企业分别成本项目，按照完工产品与月末在产品定额耗用量或定额费用的比例分配成本费用的一种方法。定额比例法是产品的生产费用按照完工产品和月末在产品的定额消耗量或定额费用的比例，分配计算完工产品成本和月末在产品成本的方法。其中，原材料费用按照原材料定额消耗量或原材料定额费用比例分配；工资和福利费、制造费用等各项加工费，可以按定额工时的比例分配，也可以按定额费用比例分配。这种分配方法适用于定额管理基础较好，各项消耗定额或费用定额比较准确、稳定，各月末在产品数量变动较大的产品。

定额成本法是企业为了及时地反映和监督生产费用和产品成本脱离定额的差异，加强定额管理和成本控制而采用的一种成本计算方法。在所有的成本计算方法中，生产费用的日常核算，都是按照生产费用的实际发生额进行的，产品的成本也都是按照实际生产费用计算的实际成本。这样，生产费用和产品成本脱离定额的差异及其发生的原因，只有在月末时通过实际资料与定额资料的对比、分析，才能得到反映，而不能在费用发生的当时反映出来，因而不能很好地加强成本控制。

## 五、计算题

1.某企业生产A、B两种产品领用主要材料14 640千克，单价10元，共计146 400元。本月投产的A产品为170件，B产品为270件。A产品的材料消耗定额为20千克，B产品的材料消耗定额为10千克。采用定额消耗量比例法分配材料费用，并做会计分录。

## 材料定额资料

| 产品名称 | 产量(件) | 单位消耗定额(千克) | 定额消耗量(千克) |
|---|---|---|---|
| A | 170 | 20 | 3400 |
| B | 270 | 10 | 2700 |
| 合计 | | | 6100 |

材料费用分配率=$\frac{146\ 400}{6100}$=24

A负担的材料费用=3400×24=81 600

B负担的材料费用=2700×24=64 800

会计分录:

借:生产成本——A　81 600

　　　　　——B　64 800

　贷:原材料　146 400

2.某企业设有供电和修理两个辅助生产车间,20××年发生费用分别为:供电车间46 400元,修理车间33 300元。

其提供劳务量如下表:

| 受益产品、车间或部门 | 供电车间(度) | 修理车间(工时) |
|---|---|---|
| 供电车间 | | 600 |
| 修理车间 | 10 000 | |
| 甲产品 | 80 000 | |
| 基本生产车间 | 8000 | 7000 |
| 行政管理部门 | 12 000 | 3000 |
| 合计 | 110 000 | 10 600 |

采用直接分配法分配辅助费用,编制会计分录。

供电车间单位成本=$\frac{46\ 400}{110\ 000-10\ 000}$=4.64

修理车间单位成本=$\frac{33\ 300}{10\ 600-600}$=3.33

借:生产成本——甲产品　371 200

　制造费用　37 120

　管理费用　55 680

　贷:生产成本——辅助生产成本(供电车间)　464 000

借:制造费用　23 310

　管理费用　9990

　贷:生产成本——辅助生产成本(修理车间)　33 300

3.某企业有一个基本生产车间生产A、B、C三种产品。生产工时共计22 000小时,其中A产品7500小时,B产品8500小时,C产品6000小时。本月发生制造费用总额21 560元。

要求:采用生产工时比例法分配制造费用。

## 制造费用分配表

| 项目 | 生产工时 | 分配率 | 分配金额 |
|---|---|---|---|
| A产品 | 7500 | | 7350 |
| B产品 | 8500 | | 8330 |
| C产品 | 6000 | | 5880 |
| 合计 | 22 000 | 0.98 | 21 560 |

会计分录:

借:生产成本——A产品　7350

　　　　　——B产品　8330

　　　　　——C产品　5880

　贷:制造费用　21 560

4.20××年6月份,企业继续生产A产品,月初在产品20台,本月投产200台。月初在产品成本为13 547.4元。其中:直接材料8280元,直接人工3402.3元,制造费用1865.1元,本月发生生产费用157 212.3元。其中:直接材料96 880元,直接人工38 397.7元,制造费用21 934.6元,本月完工验收入库A产品180台,月末在产品40台,A产品生产在生产开始时一次投入原材料,月末在产品的加工程度确定为50%。

要求:采用约当产量法计算完工产品成本和月末在产品成本。

## 材料成本计算表

单位:元

| | 直接材料 | 直接人工 | 制造费用 | 合计 |
|---|---|---|---|---|
| 期初余额 | 8280 | 3402.3 | 1865.1 | 13 547.4 |
| 本月发生额 | 96 880 | 38 397.7 | 21 934.6 | 157 212.3 |
| 合计 | 105 160 | 41 800 | 23 799.7 | 170 768.7 |
| 分配率 | 478 | 209 | 119 | |
| 完工产品成本 | 86 040 | 37 620 | 21 420 | 145 080 |
| 月末在产品成本 | 19 120 | 4180 | 2379.7 | 25 688.7 |

直接材料分配率=$\frac{105\ 160}{180+40}$=478

完工产品成本=478×180=86 040

在产品成本=105 160−86 040=19 120

直接人工分配率=$\frac{41\ 800}{180+40\times50\%}$=209

完工产品成本=209×180=37 620

在产品成本=41 800−37 620=4180

制造费用分配率=$\frac{23\ 799.7}{180+40\times50\%}$=119

完工产品成本=119×180=21 420

在产品成本=23 799.7−21 420=2379.7

5.某企业甲产品单位工时定额20小时，经过三道工序制成。第一道工序工时定额为4小时，第二道工序工时定额为8小时，第三道工序工时定额为8小时，各道工序内各件在产品加工程度均按50%计算。期末在产品300件，其中第一道工序50件，第二道工序150件，第三道工序100件。

要求：计算各工序在产品的完工程度及在产品约当产量。

计算表

| 工序 | 工时 | 完工度 | 月末在产品数量 | 约当产量 |
|---|---|---|---|---|
| 1 | 4 | 10% | 50 | 5 |
| 2 | 8 | 40% | 150 | 60 |
| 3 | 8 | 80% | 100 | 80 |
| 合计 | 20 | | | 145 |

第一工序完工度=$\frac{4\times50\%}{20}$=10%

第二工序完工度=$\frac{4+8\times50\%}{20}$=40%

第三工序完工度=$\frac{4+8+8\times50\%}{20}$=80%

## 六、综合题

某企业生产A产品分两个生产步骤，分别由两个车间进行，第一车间生产A半成品，半成品不通过半成品仓库收发，直接交第二车间，第二车间加工为A产品。两个车间的月末在产品都按约当产量法计价。原材料一次投入。成本计算方法采用综合结转分步法。根据以下条件，按要求计算相关内容并进行账务处理。

计算第一车间完工A半成品成本，编制半成品转第二车间的会计分录，登记生产成本明细账。

## 生产成本明细账

第一车间:A半成品　　　　完工:720件

月末在产品:160件　　　　完工程度:50%

| 摘要 | 直接材料 | 直接人工 | 制造费用 | 合计 |
|---|---|---|---|---|
| 月初余额 | 410 | 100 | 140 | 650 |
| 本月发生费用 | 3990 | 1500 | 2260 | 7750 |
| 合计 | 4400 | 1600 | 2400 | 8400 |
| 完工产品成本 | 3600 | 1440 | 2160 | 7200 |
| 月末在产品成本 | 800 | 160 | 240 | 1200 |

(2)第一车间A半成品直接交第二车间,编制会计分录,并登记生产成本明细账。

直接材料分配率$=\frac{4400}{720+160}=5$

完工产品成本$=5\times720=3600$

在产品成本$=5\times160=800$

直接人工分配率$=\frac{1600}{720+160\times50\%}=2$

完工产品成本$=2\times720=1440$

在产品成本$=1600-1440=160$

制造费用分配率$=\frac{2400}{720+160\times50\%}=3$

完工产品成本$=3\times720=2160$

在产品成本$=2400-2160=240$

(3)计算第二车间产品成本,编制产品完工入库的会计分录,登记生产成本明细账。

## 生产成本明细账

第二车间:A产品　　　　完工:680件

月末在产品:80件　　　　完工程度:50%

单位:元

| 摘要 | 直接材料(半成品) | 直接人工 | 制造费用 | 合计 |
|---|---|---|---|---|
| 月初在产品成本 | 476 | 70 | 90 | 636 |
| 本月发生费用 | 7200 | 2090 | 2790 | 4880 |
| 合计 | 7676 | 2160 | 2880 | 12 716 |
| 本月产成品成本 | 6868 | 2040 | 2720 | 11 628 |
| 月末在产品成本 | 808 | 120 | 160 | 1088 |

直接材料分配率=$\frac{7676}{680+80}$=10.1

完工产品成本=10.1×680=6868

在产品成本=7676−6868=808

直接人工分配率=$\frac{2160}{680+80\times50\%}$=3

完工产品成本=3×680=2040

在产品成本=2160−2040=120

制造费用分配率==$\frac{2880}{680+80\times50\%}$=4

完工产品成本=4×680=2720

在产品成本=2880−2720=160

# 期末模拟考试试题(二)

## 一、单选题

1.B;2.B;3.A;4.D;5.D;6.A;7.C;8.A;9.D;10. D

## 二、多选题

1.ABDE;2.ABD;3.ABC;4.ABCDE;5.BE;6.ABCD;7.ABC;8.CDE;9.ABCDE;10.CDE

三、判断题

1.对;2.对;3.对;4.错;5.错;6.错;7.对;8.错;9.错;10.对

## 四、计算题

1.某企业有供电和机修两个辅助生产车间,一个是供电车间,给企业配送电力;一个是机修车间,为企业各部门提供维修服务,当月各车间发生费用和提供劳务情况如下表。

辅助生产费用和劳务情况

| 项　目 | | 供电车间 | 机修车间 |
|---|---|---|---|
| 待分配费用 | | 6104(元) | 4674(元) |
| 供应劳务总量 | | 10 000 千瓦时 | 950(工时) |
| 各部门消耗劳务量 | 供电车间 | | 110(工时) |
| | 机修车间 | 1500 千瓦时 | |
| | 基本生产车间生产产品消耗 | 8000 千瓦时 | |
| | 基本生产车间一般消耗 | 300 千瓦时 | 800(工时) |
| | 行政管理部门 | 200 千瓦时 | 40(工时) |

要求：采用交互分配法分配供电车间和机修车间的辅助生产费用，并编制相应会计分录。(“辅助生产”账户要写出明细账户，辅助生产车间不设“制造费用”账户，成本差异全部计入管理费用。)

## 辅助生产费用分配表

(交互分配法)

<table>
<tr><td colspan="3" rowspan="2">项目</td><td colspan="2">供电车间</td><td colspan="2">机修车间</td><td rowspan="2">合 计<br>(元)</td></tr>
<tr><td>消耗数量<br>(千瓦时)</td><td>分配金额<br>(元)</td><td>消耗数量<br>(工时)</td><td>分配金额<br>(元)</td></tr>
<tr><td colspan="3">待分配的辅助生产费用</td><td></td><td>6104</td><td></td><td>4674</td><td>10778</td></tr>
<tr><td colspan="3">辅助生产提供的劳务量</td><td>10000</td><td></td><td>950</td><td></td><td></td></tr>
<tr><td rowspan="3">交互<br>分配</td><td colspan="2">单位成本(交互分配率)</td><td></td><td>0.6104</td><td></td><td>4.92</td><td></td></tr>
<tr><td colspan="2">供电车间</td><td></td><td>541</td><td>110</td><td>541</td><td></td></tr>
<tr><td colspan="2">机修车间</td><td>1500</td><td>916</td><td></td><td>916</td><td></td></tr>
<tr><td colspan="3">对外分配的辅助生产费用</td><td></td><td>5729</td><td></td><td>5049</td><td>10778</td></tr>
<tr><td colspan="3">对外分配的劳务量</td><td>8500</td><td></td><td>840</td><td></td><td></td></tr>
<tr><td rowspan="4">对外<br>分配</td><td colspan="2">单位成本(对外分配率)</td><td></td><td>0.674</td><td></td><td>6.01</td><td></td></tr>
<tr><td colspan="2">基本生产成本</td><td>8000</td><td>5392</td><td></td><td></td><td>5392</td></tr>
<tr><td>制造费用</td><td>基本生产车间</td><td>300</td><td>202</td><td>800</td><td>4809</td><td>5011</td></tr>
<tr><td colspan="2">管理费用</td><td>200</td><td>135</td><td>40</td><td>240</td><td>375</td></tr>
<tr><td colspan="3">合 计</td><td>20000</td><td>5729</td><td>10000</td><td>5049</td><td>10778</td></tr>
</table>

分录：

交互分配：

借：辅助生产成本——机修　916

　贷：辅助生产成本——供电　916

借：辅助生产成本——供电　541

　贷：辅助生产成本——机修　541

对外分配：

借：生产成本——基本生产成本　5392

　管理费用　375

　制造费用　5011

　贷：辅助生产成本——机修　5049

　　　　　　　　——供电　5729

2.某企业生产甲产品1000件，完工合格产品970件，可修复废品30件，不可修复废品10

件,本月甲产品发生的生产费用为:直接材料48 000元,直接人工5200元,制造费用7280元。其中不可修复废品是在加工过程中发现的,回收残值180元,应向责任人索赔120元,可修复废品是在完工之后发现的,其修复费用为直接材料300元,直接人工100元,制造费用140元,本月生产工时记录为:完工产品5000小时,废品200小时。原材料在生产开始时一次投入。

要求:根据以上资料,编制废品损失计算表,并编制有关会计分录。

## 废品损失计算表

| 摘要 | 数量(件) | 生产工时 | 直接材料(元) | 直接人工(元) | 制造费用(元) | 合计(元) |
|---|---|---|---|---|---|---|
| 合格品和废品合计 | 1000 | 5200 | 48 000 | 5200 | 7280 | 60 480 |
| 费用分配率 | | | 48 | 1 | 1.4 | |
| 废品生产成本 | 10 | 200 | 300 | 100 | 140 | 540 |
| 减:废品残值 | | | 300 | | | 300 |
| 废品净损失 | | | 0 | 100 | 140 | 240 |

分录:

不可修复废品的成本

借:废品损失——甲产品 540

贷:基本生产成本 540

回收废品残值

借:原材料 300

贷:废品损失——甲产品 300

废品净损失

借:基本生产成本——甲产品 240

贷:废品损失——甲产品 240

3.制造企业生产的B产品经过两道工序制成,产品的生产工时定额为14小时,其中:第一道工序工时定额为8小时,第二道工序工时定额为6小时。本月A产品完工2000件,月末车间有在产品1200件,各工序在产品数量为:第一道工序为800件,第二道工序为400件。

要求:计算各工序的在产品完工程度和在产品约当产量。

第一道工序完工程度=8×50%÷14×100%=28.57%

第二道工序完工程度=(8+6×50%)÷14×100%=78.57%

月末在产品约当产量=800×28.57%+400×78.57%=543

4.某企业生产D产品分两道生产工序,月初在产品成本为:直接材料28 000 元,直接人工15 200元,制造费用11 000元。本月生产费用为:直接材料 48 000元,直接人工24 400元,制造费用22 300元,8月份完工产品240件,月末在产品200件,在产品的完工程度为60%,D产品所耗直接材料在第一道工序投入全部材料的70%,进入第二道工序时,再投入其余30%的直接材料。

要求：根据上述资料，采用约当产量比例法，计算D产品完工产品成本和月末在产品成本。并填制成本计算单。

在产品原材料约当产量=200×70%=140

产品约当产量=200×60%=120

原材料分配率=$\frac{28\ 000+48\ 000}{240+140}$=200

直接人工分配率=$\frac{15\ 200+24\ 400}{240+140}$=110

制造费用分配率=$\frac{11\ 000+22\ 300}{240+120}$=92.5

完工产品成本：

原材料成本=240×200=48 000

直接人工=240×110=26 400

制造费用=240×92.5=22 200

在产品成本：

原材料成本=140×200=28 000

直接人工=120×110=13 200

制造费用=120×92.5=11 000

根据以上计算结果填制产品成本计算单：

## 产品成本计算单

产品名称：D产品　　20××年月　　单位：元

| 摘 要 | 直接材料 | 直接人工 | 制造费用 | 合计 |
|---|---|---|---|---|
| 月初在产品成本 | 28 000 | 15 200 | 11 000 | 54 200 |
| 本月生产费用 | 48 000 | 24 400 | 22 300 | 94 700 |
| 生产费用累计 | 76 000 | 39 600 | 33 300 | 148 900 |
| 分配标准<br>(完工产量+在产品约当产量) | 380 | 360 | 360 | |
| 费用分配率 | 200 | 110 | 92.5 | |
| 完工产品成本 | 48 000 | 26 400 | 22 200 | 96 600 |
| 月末在产品成本 | 28 000 | 13 200 | 11 100 | 52 300 |

5.某企业采用分类法进行产品成本核算，A类产品包括甲、乙、丙三个品种，其中甲产品为标准产品。类内费用分配的方法是原材料按用料系数为标准，其他费用按定额工时比例分配。其分配系数如下表所示：

## 分配系数表

| 品名 | 用料系数 | 单位产品工时定额 |
| --- | --- | --- |
| 甲 | 1 | 10 |
| 乙 | 0.6 | 12 |
| 丙 | 1.52 | 18 |

5月份完工产品数量为A产品2000件，B产品4000件，C产品5000件。本月成本及费用如下表所示：

## 甲类产品成本明细账

| 项目 | 直接材料 | 直接人工 | 制造费用 | 合计 |
| --- | --- | --- | --- | --- |
| 月初在产品成本(定额成本) | 9000 | 12 000 | 13 200 | 34 200 |
| 本月生产费用 | 106 200 | 108 000 | 136 800 | 351 000 |
| 生产费用累计 | 115 200 | 120 000 | 150 000 | 385 200 |
| 完工转出产成品成本 | 108 000 | 94 800 | 142 200 | 345 000 |
| 月末在产品成本(定额成本) | 7200 | 25 200 | 7800 | 40 200 |

要求：(1)计算A类产品各费用分配率。

$$A类产品直接材料分配率=\frac{108\ 000}{2000\times1+4000\times0.6+5000\times1.52}=9$$

$$A类产品直接人工分配率=\frac{94\ 800}{2000\times10+4000\times12+5000\times18}=0.6$$

$$A类产品制造费用分配率=\frac{142\ 200}{2000\times10+4000\times12+5000\times18}=0.9$$

(2)编制A类产品各种产品成本计算表。

A类甲产品直接材料实际成本=2000×1×9=18 000

A类乙产品直接材料实际成本=4000×0.6×9=21 600

A类丙产品直接材料实际成本=5000×1.52×9=68 400

A类甲产品直接人工实际成本=2000×10×0.6=12 000

A类乙产品直接人工实际成本=4000×12×0.6=28 800

A类丙产品直接人工实际成本=5000×18×0.6=54 000

A类甲产品制造费用实际成本=2000×10×0.9=18 000

A类乙产品制造费用实际成本=4000×12×0.9=43 200

A类丙产品制造费用实际成本=5000×18×0.6=81 000

甲产品成本=18 000+12 000+18 000=48 000

乙产品成本=21 600+28 800+43 200=93 600

丙产品成本=68 400+54 000+81 000=203 400

| | 直接材料(元) | 直接人工(元) | 制造费用(元) | 合计(元) |
|---|---|---|---|---|
| 甲产品 | 18 000 | 12 000 | 18 000 | 48 000 |
| 乙产品 | 21 600 | 28 800 | 43 200 | 93 600 |
| 丙产品 | 68 400 | 54 000 | 81 000 | 203 400 |

6.某企业本年成本计划和实际执行情况如下表：

| 产品名称 | 计量单位 | 产量 | | 单位成本 | | | 成本计划 | | 本年总成本 | | |
|---|---|---|---|---|---|---|---|---|---|---|---|
| | | 计划 | 实际 | 上年实际 | 本年计划 | 本年实际 | 按上年实际平均单位成本计算 | 按本年计划单位成本计算 | 按上年实际平均单位成本计算 | 按本年计划单位成本计算 | 实际成本 |
| 1.可比产品 | | | | | | | | | | | |
| 甲产品 | 件 | 500 | 600 | 120 | 110 | 100 | 60 000 | 55 000 | 72 000 | 66 000 | 60 000 |
| 乙产品 | 件 | 300 | 200 | 200 | 190 | 180 | 60 000 | 57 000 | 40 000 | 38 000 | 36 000 |
| 小计 | | | | | | | 120 000 | 112 000 | 112 000 | 104 000 | 40 000 |
| 2.不可比产品 | | | | | | | | | | | |
| 丙产品 | 件 | 100 | 120 | | 300 | 280 | | 30 000 | | 36 000 | 33 600 |
| 小计 | | | | | | | | 30 000 | | 36 000 | 33 600 |
| 合计 | | | | | | | 120 000 | 142 000 | 112 000 | 140 000 | 129 600 |

要求：

(1)分析本年全部商品成本计划完成情况。

本年度全部商品降低额=140 000−129 600=10 400

本年度全部商品降低率=$\frac{10\ 400}{500\times100+300\times180+100\times280}\times100\%=7.88\%$

(2)分析可比产品成本降低计划完成情况。

计划降低额=120 000−112 000=8000

计划降低率=$\frac{8000}{120\ 000}=6.67\%$

实际降低额=112 000−96 000=16 000

实际降低率=$\frac{16\ 000}{112\ 000}=14.28\%$

# 期末模拟考试试题(三)

## 一、单项选择题

1.B;2.A;3.B;4.D;5.C;6.B;7.D;8.B;9.D;10.D;11.C;12.C;13.C;14.D;15.C;16.D;17.D;18.B;19.A;20.C

## 二、多项选择题

1.AD;2.ACDE;3.BCD;4.ABCD;5.ABC;6.ABC;7.ABDE;8.ABCDE;9.BDE;10.ABC

## 三、判断题

1.对;2.错;3.错;4.错;5.错;6.对;7.对;8.对;9.错;10.错

## 四、名词解释

1.成本:企业为产品的生产所消耗的人力、财力和物力的总和即生产耗费。

2.废品损失:在产品的生产过程中或由于生产原因产生废品而造成的损失,包括可修复废品的修理费用和不可修复废品的报废损失。

3.约当产量法:按完工产品的数量以及在产品的约当产量的比例分配总成本的一种成本分配方法。

4. 分步法:以产品的生产步骤或各个步骤间的产品作为成本计算对象来归集生产费用,计算各个步骤半成品和最后步骤产成品成本的计算方法。

5.工资:企业在一定时期支付给职工的劳动报酬总额。

6.现代成本会计:现代成本会计是成本会计和管理的结合,是根据成本核算及其他相关资料,采用现代数学方法,建立数量化的管理技术,以帮助人们按成本最优化的要求,对产品成本发生情况进行预测、决策、控制、分析、考核使企业的生产经营实现最优化运转,提高企业竞争和获利能力的管理活动。

7.品种法:以产品的品种作为成本计算对象来归集生产费用,计算产品成本的一种成本计算方法。

8.生产损失:在产品生产过程中或由于生产原因所造成的各种损失,包括在产品的盘亏和毁损、废品损失、停工损失等。

## 五、简答题

1.简述成本核算的原则和要求。

答:原则:

(1)合法性原则;

(2)可靠性原则;

(3)相关性原则；

(4)分期性原则；

(5)配比原则；

(6)按实际成本核算原则；

(7)一致性原则；

(8)重要性原则。

要求：

(1)划清各种费用的界限；

(2)做好各项准备工作；

(3)选择适当的成本计算方法。

2.生产成本在完工产品与在产品之间的划分有哪几种划分方法？

答：(1)先计算月末在产品成本后计算完工产品成本；

(2)先计算完工产品成本后计算月末在产品成本；

(3)完工产品成本和月末在产品成本同时计算。

3.简述成本会计的职能。

答：(1)成本预测；

(2)成本决策；

(3)成本计划；

(4)成本控制；

(5)成本计算；

(6)成本考核；

(7)成本分析。

4.简述分批法的含义和特点。

答：含义：

以产品的批次或订单作为成本计算对象，来归集生产费用，计算产品成本的一种计算方法。又称“订单法”。

特点：

(1)以产品的批别或订单作为成本计算对象；

(2)按产品的生产周期计算成本；

(3)在分批法下，一般没有生产成本在完工产品及在产品之间的划分问题。

## 六、计算题

1. 资料：某厂生产A、B、C三种产品。本月三种产品共同消耗甲材料33 600千克，每千克12.5元，总金额420 000元，三种产品本月投产量分别为4000件、3200件和2400件，甲材料消耗定额分别为3千克、2.5千克和5千克。

要求：利用下表采用定额消耗量比例法分配甲材料费用。

## 甲材料费用分配表

20××年10月

| 产品 | 产品投产量（件） | 单位定额（千克/件） | 定额消耗量（千克） | 分配率 | 实际消耗总量（千克） | 分配率 | 应分配材料费用（元） |
|---|---|---|---|---|---|---|---|
| A | 4000 | 3 | 12 000 | | 12 600 | | 157 500 |
| B | 3200 | 2.5 | 8000 | | 8400 | | 105 000 |
| C | 2400 | 5 | 12 000 | | 12 600 | | 157 500 |
| 合计 | 9600 | | 32 000 | 1.05 | | 12.5 | |

计算步骤：

(1)各产品定额消耗量=各产品投产量×各产品单位定额消耗量

A产品定额消耗量=4000×3=12 000

B产品定额消耗量=3200×2.5=8000

C产品定额消耗量=2400×5=12 000

(2)分配率=实际消耗量/$\sum$定额消耗量=$\frac{33\ 600}{32\ 000}$=1.05

(3)各产品实际消耗量=各产品定额消耗量×分配率

A产品实际消耗量=12 000×1.05=12 600

B产品实际消耗量=8000×1.05=8400

C产品实际消耗量=12 000×1.05=12 600

(4)各产品应承担的费用=各产品实际消耗量×材料单价

A产品应负担材料成本=12 600×12.5=157 500

B产品应负担材料成本=8400×12.5=105 000

C产品应负担材料成本=12 600×12.5=157 500

2.资料：某制造公司生产的丁产品经过三个车间连续加工制成，第一车间生产D半成品，直接转入第二车间加工制成H半成品，H半成品直接转入第三车间加工成丁产成品。其中，1件丁产品耗用1件H半成品，1件H半成品耗用1件D半成品。原材料于第一车间生产开始时一次投入，第二车间和第三车间不再投入材料。各车间月末在产品完工率均为50%。各车间生产费用在完工产品和在产品之间的分配采用约当产量法。

(1)本月各车间产量资料见下表。

## 各车间产量资料表

单位：件

| 摘要 | 第一车间 | 第二车间 | 第三车间 |
|---|---|---|---|
| 月初在产品数量 | 20 | 50 | 40 |
| 本月投产数量或上步转入 | 180 | 160 | 180 |
| 本月完工产品数量 | 160 | 180 | 200 |
| 月末在产品数量 | 40 | 30 | 20 |

(2)各车间月初及本月费用资料见下表。

## 各车间月初及本月费用

单位:元

| 摘要 | | 直接材料 | 直接人工 | 制造费用 | 合计 |
|---|---|---|---|---|---|
| 第一车间 | 月初在产品成本 | 1000 | 60 | 100 | 1160 |
| | 本月的生产费用 | 18 400 | 2200 | 2400 | 23 000 |
| 第二车间 | 月初在产品成本 | | 200 | 120 | 320 |
| | 本月的生产费用 | | 3200 | 4800 | 8000 |
| 第三车间 | 月初在产品成本 | | 180 | 160 | 340 |
| | 本月的生产费用 | | 3450 | 2550 | 6000 |

要求:采用平行结转法计算丁产品的生产成本,并编制会计分录。

(1)编制各生产步骤的约当产量的计算表,见表1。

## 表1 各生产步骤约当产量的计算表

单位:元

| 摘要 | 直接材料 | 直接人工 | 制造费用 |
|---|---|---|---|
| 第一步骤的约当产量 | 200+40+30+20=290 | 200+40×50%+30+20=270 | 270 |
| 第二步骤的约当产量 | 200+30+20=250 | 200+30×50%+20=235 | 235 |
| 第三步骤的约当产量 | 200+20=220 | 200+20×50%=210 | 210 |

(2)编制各生产步骤的成本计算单,见表2、表3、表4。

## 表2 产品成本计算单

车间:第一车间　　品名:丁产品(D半成品)　　单位:元

| 摘要 | 直接材料 | 直接人工 | 制造费用 | 合计 |
|---|---|---|---|---|
| 月初在产品成本 | 1000 | 60 | 100 | 1160 |
| 本月发生费用 | 18 400 | 2200 | 2400 | 23 000 |
| 合计 | 19 400 | 2260 | 2500 | 24 160 |
| 第一步骤的约当产量 | 290 | 270 | 270 | |
| 分配率 | 66.9 | 8.37 | 9.26 | |
| 应计入产成品成本份额 | 13 380 | 1674 | 1852 | 16 906 |
| 月末在产品成本 | 6020 | 586 | 648 | 7254 |

## 表3　产品成本计算单

车间:第二车间　　　　品名:丁产品(H半成品)　　　　单位:元

| 摘要 | 直接人工 | 制造费用 | 合计 |
|---|---|---|---|
| 月初在产品成本 | 200 | 120 | 320 |
| 本月发生费用 | 3200 | 4800 | 8000 |
| 合计 | 3400 | 4920 | 8320 |
| 第二步骤约当产量 | 235 | 235 | |
| 分配率 | 14.47 | 20.94 | |
| 应计入产成品成本份额 | 2894 | 4188 | 7082 |
| 月末在产品成本 | 506 | 732 | 1238 |

## 表4　产品成本计算单

车间:第三车间　　　　品名:丁产品　　　　单位:元

| 摘要 | 直接人工 | 制造费用 | 合计 |
|---|---|---|---|
| 月初在产品成本 | 180 | 160 | 340 |
| 本月发生费用 | 3450 | 2550 | 6000 |
| 合计 | 3630 | 2710 | 6340 |
| 第三步骤约当产量 | 210 | 210 | |
| 分配率 | 17.29 | 12.9 | |
| 应计入产成品成本份额 | 3458 | 2580 | 6038 |
| 月末在产品成本 | 172 | 130 | 302 |

(3)编制产品成本汇总计算表,见表5。

## 表5　产品成本汇总计算表

产品名称:丁产品　　　　单位:元

| 项目 | 数量 | 直接材料 | 直接人工 | 制造费用 | 总成本 | 单位成本 |
|---|---|---|---|---|---|---|
| 第一车间 | | 13 380 | 1674 | 1852 | 16 906 | 84.53 |
| 第二车间 | | | 2894 | 4188 | 7082 | 35.41 |
| 第三车间 | | | 3458 | 2580 | 6038 | 30.19 |
| 合计 | 200 | 13 380 | 8026 | 8620 | 30 026 | 150.13 |

(4)会计分录如下：

借:库存商品——丁产品　30 026

　贷:生产成本——基本生产成本　30 026